Brigitta Schieder

Märchen
Nahrung für die Kinderseele

Einführung in den
ganzheitlichen Umgang
mit Märchen

Mit Erzählbeispielen
und Gestaltungsanregungen

Gütersloher Verlagshaus

Originalausgabe

Die Deutsche Bibliothek – CIP-Einheitsaufnahme

Schieder, Brigitta:
Märchen – Nahrung für die Kinderseele : Einführung in den
ganzheitlichen Umgang mit Märchen ; mit Erzählbeispielen
und Gestaltungsanregungen / Brigitta Schieder. – Orig.-Ausg. –
Gütersloh : Gütersloher Verl.-Haus, 1996
(Gütersloher Taschenbücher ; 982)
ISBN 3-579-00982-6
NE: GT

ISBN 3-579-00982-6
© Gütersloher Verlagshaus, Gütersloh 1996

Umschlaggestaltung: Dieter Rehder, Aachen, unter Verwendung
einer Illustration von Ursula Verburg, Hamburg
Satz: Weserdruckerei Rolf Oesselmann GmbH, Stolzenau
Druck und Bindung: Clausen & Bosse, Leck
Gedruckt auf chlorfrei gebleichtem Werkdruckpapier
Printed in Germany

Inhalt

Vorwort

Meine Beschäftigung mit Märchen beruht auf einem biographischen Schlüsselerlebnis: Während eines mehrtägigen Seminars über den »meditativen Umgang mit Märchen«, geleitet von Felicitas Betz, erfuhr ich die heilsame Wirkung des erzählten Volksmärchens an Leib und Seele. Nach einer langwierigen Krankheit hatte ich zwar auf Erholung gehofft, nicht aber mit einem so nachhaltig positiven Erleben gerechnet. Die Verflechtung dieser alten Geschichten mit längst vergangenen und noch bestehenden Kulturen, mit den Religionen der Völker, mit den allgemeinen und individuellen Problemen der Menschen faszinierten mich.

Dieses Erlebnis sehe ich heute im Bild gesprochen als Mark eines Baumes, um das Jahr für Jahr weitere Ringe gewachsen sind: neben einer durchgängigen Wissenserweiterung in den oben angeführten Bereichen lag und liegt mir vor allem das lebendige Erzählen am Herzen. Zu meiner Freude konnte ich mehrere Jahre lang Schülerin von Felicitas Betz sein. Ihr habe ich nicht nur die Kenntnis einer wunderbaren Erzählmethode zu verdanken, sondern ihre tiefe, spirituelle Sichtweise hat mir auch neue Zugänge auf der Suche nach Sinn und Bedeutung der Symbolsprache im Märchen eröffnet.

Mit meinem Weg eng verflochten war von Anfang an die praktische Umsetzung: Kinder waren die ersten, denen ich Märchen erzählt habe. Die Überzeugung, damit Wesentliches für die kindliche Entwicklung beizusteuern, hat sich im Laufe der Jahre noch vertieft. So konnte es nicht ausbleiben, daß ich besonders die, die mit Kindern beruflich zu tun haben, daran partizipieren lassen wollte. Seit mehreren Jahren sind Fortbildungsseminare, für die ich von den verschiedenen Trägern und Schulämtern sowie der Europäischen Märchengesellschaft verpflichtet werde, zu einem ganz wesentlichen Schwerpunkt meiner Märchen-Tätigkeit geworden. (Europäische Märchengesellschaft e. V., Postfach 13 22, 48403 Rheine)

Aus dieser Arbeit ist auch dieses Buch entstanden: aus der Arbeit mit Kindern und Erzieher/innen. Ein praktischer Wegbegleiter im

Kindergartenalltag will es sein, der Antwort gibt auf Fragen und Unsicherheiten, die im Umgang mit Märchen immer wieder auftreten. Ein Wegbegleiter, der Mut machen und Freude wecken soll, diese alten Geschichten wieder zu erzählen und die Kinder mit ihren inneren Bildern in Kontakt zu bringen.

Brigitta Schieder

I. Grundlagen für eine ganzheitliche Arbeit mit Märchen im Kindergarten

1. Was ist ein Märchen?

Wenn in einer Eltern- (oder auch ErzieherInnen-)runde die Frage nach bekannten Märchen gestellt wird, werden nicht nur Titel der Brüder Grimm, sondern alle möglichen Geschichten genannt: »Das Mädchen mit den Schwefelhölzchen«, »Zwerg Nase«, »Struwwelpeter«, »Momo«, »Die kleine Hexe«, sogar »Pumuckl« und »Pippi Langstrumpf« tauchen bisweilen auf. Bei der genannten Literatur handelt es sich jedoch nicht in jedem Fall um ein Märchen, wenn auch märchenhafte Züge in diesen Erzählungen diese Vermutung entstehen lassen können. Es ist ganz wesentlich, Unterscheidungen zu treffen.

1.1 Volksmärchen – Kunstmärchen – märchenhafte Erzählungen

Bei allen Geschichten, die *nicht* in der mündlichen Überlieferung tradiert sind, sondern von einem einzelnen Menschen erdacht und aufgeschrieben wurden, handelt es sich nicht um Volksmärchen, sondern bestenfalls um Kunstmärchen. Dies soll keine Bewertung sein, sondern ein Hinweis auf die ganz andere Natur dieser Erzählungen. Volksmärchen haben große Schriftsteller, Dichter und Künstler immer zu eigener Märchendichtung inspiriert – von Goethe über Hermann Hesse bis zu Peter Rühmkorf.
Die Märchen von Andersen, Hauff und Bechstein sind allgemein bekannt. Doch auch sie spiegeln nicht die Lebenserfahrung eines Volkes, sondern die Lebenserfahrung eines einzelnen Menschen wider. Es sind Kunstmärchen, die weniger für das Hören als für das Lesen

geschrieben wurden. Sie sprechen uns naturgemäß nicht mehr direkt auf der Bildebene unserer Seele an, sondern lassen Lebenseinstellung, Moral und Erzählabsicht des Schriftstellers meist recht deutlich werden. Bei unserer Auswahl für Kinder sollten wir im Bereich Kunstmärchen besonders kritisch vorgehen.

Werden keine märchenbekannten Motive verwendet, (s. z.B. »Pumuckl« oder gar »Struwwelpeter«), so handelt es sich nur um mehr oder weniger unterhaltsame, belehrende oder gar moralisierende Geschichten, deren Wert oder Unwert nichts mit Märchen zu tun hat. (Eine fundierte, leicht überschaubere Abgrenzung der Volksmärchen zu Mythen, Sagen und Legenden findet sich bei Helga Zitzlsperger, »Kinder spielen Märchen«.)

Wenn in der Folge von »Märchen« die Rede ist, sind damit ausschließlich Volksmärchen gemeint.

1.2 Bild- und Symbolsprache

In unserer Zeit hat sich der Wortsinn für »Märchen« für viele Menschen einseitig ins Negative verlagert: »Erzähl mir doch keine Märchen«, heißt es, oder es ist von den »Märchen der Politiker« die Rede. Märchen sind gemeinhin unglaubwürdige, sogar erlogene Geschichten, mit denen jemand hinters Licht geführt werden soll, eben Lügengeschichten. Das war nicht immer so. Noch bei Martin Luther hören wir einen ganz anderen Ton, wenn er die Weihnachtsgeschichte mit den Worten beginnt: »Ich erzähl' Euch eine wahre, gute Mär«. Eine »Mär«, das wußte jeder – ist Wahrheit! Die Wahrheit einer anderen, inneren Dimension, die ohne Bildsprache, ohne Gleichnisse nicht ausdrückbar ist. In dieser Bild- oder auch Symbolsprache erzählen nicht nur die biblischen Geschichten des Alten und Neuen Testaments, sondern auch unsere Volksmärchen, die über viele Generationen (bis zur Sammlertätigkeit der Brüder Grimm Mitte des 19. Jahrhunderts) ausschließlich mündlich überliefert wurden. Dies gilt natürlich nicht nur für die deutschen, sondern für die Mythen und Volksmärchen aller Völker dieser Erde. Joseph Campbell, der bekannte Mythenforscher, faßt dies so zusammen:

»Märchen und Mythen mit ihrer Symbolsprache sind das, was die Menschen gemeinsam haben: Geschichten von unserer ewigen Suche nach Wahrheit, nach Sinn, nach Bedeutung ..., sie sind sozusagen »Wissensbrocken« aus alter Zeit, die über Jahrtausende hinweg das menschliche Leben getragen, Kulturen aufgebaut und Religionen durchdrungen haben, beziehen sich auf tiefe innere Probleme, innere Geheimnisse, innere Übergangsstufen.«[1]

Der Psychoanalytiker Erich Fromm weist darauf hin, daß

»Symbolsprache eine Sprache ist, in der innere Erfahrungen, Gefühle und Gedanken so ausgedrückt werden, als ob es sich um sinnliche Wahrnehmungen, um Ereignisse in der Außenwelt handelte. Es ist eine Sprache, die eine andere Logik hat als unsere Alltagssprache ...«

Er folgert daraus:

»Symbolsprache halte ich für die einzige Fremdsprache, die jeder von uns lernen sollte. Wenn wir sie verstehen, ... lernen wir die tieferen Schichten unserer eigenen Persönlichkeit kennen.«[2]

Volksmärchen erzählen uns von den Lebenserfahrungen vieler Generationen. Sie sind Weggeschichten, Hoffnungsgeschichten: So kann es gehen im Leben. Meist nennt der Anfang gleich das Problem: Vater und Mutter sind gestorben, eine böse Stiefmutter lehnt das Kind ab, das Kind muß fliehen und verirrt sich im dunklen Wald, alle verspotten es als Dummkopf. Aber dann kommt der Ausweg: Wenn du mutig bist oder gewitzt und schlau, wenn du ein gutes Herz für Tiere hast, mitleidig bist usw., dann wirst du deinen Weg finden und gehen, dann wirst du am Ende König sein! Daß es sich dabei nicht um die politische Figur handeln kann, sondern daß »König/Königinsein« mit einem ganz persönlichen Sieg, auch mit »Sich-selbst-Beherrschen« zu tun hat und damit, daß dieser

1. Campbell, Joseph: Die Kraft der Mythen, Artemis-Verlag, Zürich und München 1989.
2. Fromm, Erich: Märchen, Mythen, Träume, Rowohlt, Reinbek bei Hamburg 1981.

Mensch nicht mehr so leicht das Opfer von dunklen Mächten wird, die ihn »zerstückeln« wollen, wird deutlich, sobald man gelernt hat, gleichsam hinter die Worte zu schauen.

2. Die Probleme der Erwachsenen mit der Märchensprache

In unserem Computerzeitalter ist es für einen Großteil der Erwachsenen sehr schwierig, sich auf die Symbolsprache der Märchen und die damit verbundene Sicht des Lebens einzulassen. Das ist kein Wunder: unser Alltag ist durchorganisiert, von Zersplitterung und Zerstreuung gekennzeichnet. Die Industriegesellschaft fordert vorwiegend außen-angepaßte, gut kontrollierbare Mitglieder: Zeugnisse, Examen, Diplome als alleinige Wertmaßstäbe zur Beurteilung eines Menschen sind gefragt. Wo und wie sollte sich so ein Gleichgewicht zwischen Außen und Innen entfalten können? Die »Entwurzelung« des modernen Menschen drückt sich bis in seine Sprache hinein aus: wir bedienen uns zunehmend einer »Kürzelsprache«: EDV, EG, UNO, HIV usw. Auch einfache, alltägliche Begriffe wurden längst ersetzt, ob das der KiGa oder die Kids sind, ob wir den anonymen Bäcker um die Ecke bei EDEKA meinen oder uns nur noch mit einem lässigen »Hey« grüßen. In vielen Fällen mag dieser sprachliche Ausdruck durchaus nützlich und sinnvoll sein – denken wir nur an entsprechende Berufe. Doch ist Sprache immer auch ein Ausdruck innerer Befindlichkeit: wir alle befinden uns mehr oder weniger »in unseren Köpfen«. Wir wissen natürlich ganz genau, was sich hinter jenen Kürzeln verbirgt, können uns den »Umweg« über den Bildbereich unserer Seele sparen. Doch wenn sich Sprache *fast ausschließlich* an den Intellekt wendet, wenn durch Sprache nicht *auch* schöpferische Imaginationskraft angeregt wird, dann verlieren wir allmählich den Zugang zu dieser innersten Schicht, verlieren gleichsam den Zugang zu dieser Kraftquelle an unseren Wurzeln. Die Folge dieser Einseitigkeit ist allzuoft die Gefahr innerer und äußerer Isolierung. Nicht nur in einer immer spezialisierteren Welt um uns herum fühlen wir uns nicht mehr beheimatet, sondern auch wir selbst werden uns immer fremder, sind nicht mehr »bei uns zu Hause«. Die Folge davon kann von allgemeinen, unklaren Angst- und Unwohlgefühlen bis zu psychosomatischen Krankheiten reichen. In den Wartezimmern der Ärzte sitzen zunehmend viele Patienten mit entsprechenden Krankheitsbildern.

Wie sehr wir alle durch ein vorwiegend »außen-angepaßtes« Leben in Gefahr sind, den Zugang zu unserem Unbewußten und unseren schöpferischen Kräften zu verlieren, können wir an unseren Träumen ablesen: wir sehen Bilder, sind oft emotional sehr stark berührt, ahnen, daß der Traum uns eine wichtige Botschaft übermitteln möchte und können ihn nicht verstehen. Es sind unsere ureigensten Seelen-Bilder – aber wir sind »uns selbst entfremdet«, eine breite Kluft trennt unser Unbewußtes von unserem Tagesbewußtsein, und wir verstehen die Botschaften unserer Seele nicht. Das müßte nicht so sein. Unsere Träume zeigen uns, daß unsere seelischen Wurzeln auch heute noch in eine Bilderzeit zurückreichen, in eine Zeit, in der es weder Hektik noch Streß gab, in der die Menschen noch »schauend« dachten. Diese Fähigkeit aber hat der menschliche Geist auch noch heute. Wir haben die Gabe, das Sichtbare auf das zu durchschauen, was es geistig – also vom Urgrund her – bedeutet. Wir können und müssen wieder lernen, den Dingen »ins Herz zu sehen«, denn »nur mit dem Herzen sieht man gut«. [3]

3. Saint-Exupéry, Antoine de: Der kleine Prinz, Karl Rauch Verlag, Düsseldorf 1956.

3. Warum Kinder Märchen brauchen

3.1 Phantasien ausleben –
mit Aggressionen umgehen

»Es war einmal und wird doch nie sein. Als der Weidenstrunk noch Birnen getragen hat und der Eichbaum Veilchen. Als der Wolf die Lämmer geküßt und der Bär mit dem Schwanz gewedelt hat. Als die Fliegen an der Wand schöner geschrieben haben als die Lehrer! Und als man die Flöhe mit 99 Pfund Eisen beschlagen in den Himmel hinaufgeworfen hat – von dort haben sie die alten Geschichten, die nie alt werden und ewig neu bleiben, mitgebracht.«

Soweit die köstliche Einleitung zu einem rumänischen Märchen. Beinhaltet sie wirklich nur Nonsens? Oder geht sie spielerisch-verschmitzt den Weg der alten Bildsprache nach? Sind es nicht uralte Menschheitsträume von einem paradiesischen Zustand, in dem sich das Lamm mit dem Wolf brüderlich verträgt? Ist nicht die Freude der Kinder aller Zeiten zu spüren, daß irgendwo sogar die Klugheit seiner Lehrer nebensächlich ist, daß es Wahrheiten gibt, die aus einer ganz anderen Welt kommen? Aus einer Welt und Zeit, in der das »Wünschen noch geholfen hat«, wie es im Märchen vom Froschkönig so schön heißt.

Phantasie hat in der Welt vieler Erwachsenen kaum mehr einen angesehenen Stellenwert. Zahlreiche Eltern fürchten sogar, ihre Kinder könnten für die auf sie zukommenden Lebensaufgaben nicht gut genug gerüstet sein, wenn man ihnen das Ausleben ihrer Phantasien erlaube. Sie versuchen, die Kinder von Anfang an »richtig«, das heißt in diesen Fällen einseitig nur durch kognitive Förderung, auf die Leistungsgesellschaft und ihre Anforderungen vorzubereiten. Von den Erzieherinnen wird dementsprechende »Förderung« verlangt, und nur nachkontrollierbare Vorzeigeergebnisse werden anerkannt und gewürdigt. Daß dieser Weg gerade nicht zum gewünschten Ergebnis führt, zeigen Beobachtungen an Grundschulen sehr deutlich: Nicht die zu früh und einseitig intellektuell geförderten Kinder wiesen die besseren Ergebnisse auf, sondern die Schüler, deren Phantasie und

Kreativität gefördert und entwickelt war. Diese Kinder sind noch »bei sich«, können aufnahmebereit und neugierig lernen, sind die gefestigteren Persönlichkeiten. Sie sind weniger aggressiv und tragen Konflikte weniger auf der körperlichen Ebene aus, suchen auch hier phantasievollere, meist verbale Lösungen. [4]

Aber auch in der Erwachsenenwelt ist die so oft verpönte Phantasie unentbehrlich; nämlich als Fähigkeit, zwischen unserem Innenleben – also unseren Gefühlen, Wünschen, Hoffnungen, Absichten – und den vorfindbaren Verhältnissen der äußeren Realität zu vermitteln. Es geht dabei nicht um ein Sich-Hinwegträumen in ein Wolkenkuckucksheim, sondern um ein Sondieren von Möglichkeiten, bestehende, als beengend oder bedrängend empfundene Situationen zu beeinflussen, abzuändern, aufzulösen. Jeder kennt solche Augenblicke der Not oder Angst, der Langeweile oder der Überforderung. Die Realität bleibt dabei mit einbezogen, Verhaltensweisen werden gleichsam »durchgespielt«. Alle Lebensplanung, jeder Übergang in eine neue Phase fordert unsere Kreativität. In den meisten Berufen – gerade auch den geistig anspruchsvollen, den wissenschaftlichen – ist es wichtig, Phantasie entwickeln zu können. Gäbe es irgendwelche Fortschritte im Bereich der Medizin ohne den Traum, die Vision eines möglichen Ergebnisses? Daß ein phantasievolles Durcharbeiten der Realität auch im politischen Leben der Völker unverzichtbar ist, liegt auf der Hand. Abrüstung, Umwelt, Bevölkerungsdichte sind nur einige Problemfelder, die gleichsam nach phantasievollen Lösungen lechzen.

Diese Gedanken vom notwendigen Gegengewicht der Phantasie gegenüber den Problemen der Realität führen nun unmittelbar zur besonderen Bedeutung der Volksmärchen für Kinder. Kinder haben offensichtlich ein starkes Bedürfnis danach, sich mit ihrer eigenen Einbildungskraft in Phantasiewelten zu versenken. Kinder lieben in aller Regel Märchen und haben keine Probleme damit, die Symbolsprache intuitiv zu »verstehen«.

Aus unserer Erwachsenensicht hat es oft den Anschein, als ob Kindheit das Sinnbild für unbeschwertes Leben wäre. Wenn wir uns die kindliche Realität wirklich ansehen, so trifft das kaum zu. Kinder

4.   Dr. Ludwig Eckinger, BLLV e.V.-Landesbeauftragter, Nov. 1991.

17

stehen immer wieder unter einem hohen Problemdruck, der sich in unserer Gesellschaft wohl noch verstärkt. Gesunde Kinder erleben den Prozeß des Selbständigwerdens in aller Regel positiv – und trotzdem ist es für sie oft schwierig und beängstigend, die Welt so zu sehen und zu bewältigen, wie wir Erwachsenen es gewohnt sind. Im Hinblick auf Märchen will ich auf zwei Spannungsbereiche näher eingehen:

3.2 Das animistische Weltbild der Kinder und die Struktur des Märchens

Kleine Kinder – bis weit ins 10. Lebensjahr – sind in unserer rationalen Erwachsenenwelt mit ihren klaren Grenzen zwischen innen und außen, belebt und tot, Mensch und Tier oder Gegenstand oft noch nicht »zu Hause«. Die Entwicklungspsychologie spricht vom »magischen«, zauberhaften Denken des Kindes. Das heißt, vom Kind aus gesehen wohnt jedem Ding und Wesen die Kraft inne, sich zu verwandeln, lebendig zu werden. Geheimnisvolle Kräfte sind in allen Dingen unaufhörlich am Werk, können schützen oder schaden.

Märchen entsprechen genau dieser Stufe kindlicher Entwicklung: sie sind »animistisch«, d.h. alles ist beseelt, die Pflanzen, die Gegenstände, die Tiere. Jeder, der mit Kindern lebt, kann das täglich beobachten: wenn nicht vorgefertigtes Spielzeug die Phantasie der Kinder schon gelähmt hat, kann alles lebendig werden. Aus Zapfen, Steinen, Hölzchen werden alle möglichen Tiere, die sich bewegen, die sprechen können. Auch eine Tischkante, an der sich eine Kleine den Kopf stößt, ist nicht ein toter Gegenstand: »Du böser Tisch! Ich hau' dich auch!« Für Kinder sind die Dinge »anthropomorph«, d.h. menschengestaltig – denken wir an die Sonne, den Mond, die Kinder mit Menschengesichtern zeichnen. Daß Zaubereien und Verwandlungen passieren, wundert Kinder nicht: sie können ja selbst auch zaubern, können sich und andere beliebig verwandeln. Ein kleines Kind, das Sehnsucht nach Liebkosung hat, wird sich möglicherweise in eine Miezekatze verwandeln und dem Papa schnurrend um die Füße streichen, denn ein

Kätzchen streichelt jeder! Oder ein anderes, das schon erfahren hat, daß in seiner Familie Aggressionen nicht erwünscht sind, wird sich vielleicht in einen wilden Hund verwandeln, der den »bösen« Bruder ins Bein beißt. Gebissen hat der Hund und nicht Peter – der ist lieb und würde so etwas nie tun.

Auch das streng zweipolige Schema der Märchen von gut oder böse, schön oder häßlich, arm oder reich gehört hierher und entspricht dem kindlichen Weltbild, das sich ganz und ausschließlich an der Gegenwart – an seiner gegenwärtigen Empfindung – orientiert.[5]

3.3 Der schwierige Prozeß der Ablösung des Kindes und die Antwort der Märchen

So triumphal Kinder Gewinne an Autonomie erleben können, so sehr ist die damit verbundene Ablösung von der Mutter ein schmerzhafter Vorgang, der von schier erdrückenden Trennungsängsten und Verlassenheitsgefühlen begleitet wird. Innere Spannungen entstehen für das Kind außerdem durch die Notwendigkeit, sich im Hinblick auf gesellschaftliche Normen und Verbote zu beherrschen und anzupassen und seine Triebe, d.h. sich zu disziplinieren. Man kann auf jeden Fall davon ausgehen, daß während dieses Prozesses oft bedrängende Schuldgefühle, Aggressionen und Unsicherheiten hervorgerufen werden, denen das Kind hilflos gegenübersteht.

Auf diese *doppelte Bedürftigkeit* antworten nun die von Generation zu Generation weitergetragenen Volksmärchen. Aufgrund ihrer Wirksamkeit in Metaphern und Symbolen sind Märchen geeignet, innere Unordnung in Ordnung zu bringen. Sie sprechen Ängste, Konflikte, Emotionen und Hoffnungen aller Menschen zu allen Zeiten an. Das Symbol ist immer Ausdruck der Ganzheit des Lebens und der Welt, der Vereinigung von Gegensätzen. Es schlägt alle Seiten des Menschseins an – und beläßt doch Letztes im Unsagbaren.

Kinder hören ihre eigenen Konflikte, Hoffnungen, Ängste aus den Märchen heraus, fühlen sich bestätigt, angenommen. Das Märchen

5. Neumann Erich: Das Kind, Verlag Adolf Bonz GmbH, Fellbach 1980.

gibt dem Kind über seine Bilder die Möglichkeit, auch seine Gefühle in Bildern auszudrücken, indem es sich mit dieser oder jener Figur identifiziert. Wir Erwachsenen vergessen allzuoft, daß unsere Begriffssprache nicht die Sprache der Kinder ist. Wir be- und umschreiben Gefühle, und die Kinder verstehen uns nicht. Doch wenn ein Kind hört, daß sich der Dummling in der »Bienenkönigin« »auf einen Stein setzte und weinte« (und welches Kind fühlt sich nicht hin und wieder als Dummling?), dann entsteht eine innere Verbindung mit den unergründlichen Tiefen des Selbst. Dann *versteht* es, was da vorgeht: es kennt ja diese Gefühle aus dem eigenen Erleben.

4. Angstbewältigung mit Hilfe von Märchen

Vor einigen Jahrzehnten war einer der Gründe, warum Märchen für Kinder abgelehnt wurden, die Behauptung, sie würden Kinder ängstigen, bzw. Kinder würden durch Märchen überhaupt erst mit Ängsten konfrontiert. Damals herrschte in Pädagogenkreisen die Meinung vor, Kinder würden ausschließlich von ihrer Umwelt geprägt, würden Ängste, Aggressionen usw. nur durch ihre Erziehung vermittelt bekommen. Ungeheuer durften in Kindergeschichten nicht mehr auftreten – und wenn, dann mußten sie gutmütig sein. Dabei wurde allerdings ein Ungeheuer vergessen, das jedes Kind kennt und das ihm die größten Probleme bereitet: das »Ungeheuer« in seinem Unbewußten, von dem es sich bedroht fühlt und als das es sich manchmal selbst fühlt. Wenn einem Kind nicht erlaubt wird, dieses »Ungeheuer« in seiner Phantasie zu bedenken, dann lernt es seine Schattenseiten nicht näher kennen und erhält auch keinen Hinweis, wie es sie bändigen kann.
Jeder Mensch wird auch mit der Anlage zu »negativen« Gefühlen geboren. Eine Menschheit ohne Möglichkeit zur Angst würde längst nicht mehr existieren. Schon die Geburt eines Menschen ist mit Angsterleben verbunden, und für einen Säugling sind die Mi-

nuten, in denen er hilflos schreit, Ewigkeiten der Angst. Es gilt inzwischen als gesichert, daß nicht das Märchen dem Kind Angst macht, sondern daß die Ängste schon vorher vorhanden sind und über das Medium Märchen zum Ausdruck gebracht werden können. Märchen helfen Kindern (und nicht nur ihnen!), ihre Gefühle in Bilder zu fassen und nach außen zu bringen.

Ich will es an einem praktischen Beispiel erläutern: Ein kleines Mädchen (6 Jahre) kam allabendlich aus seinem Bett, weil es nicht allein im Zimmer bleiben wollte und nicht einschlafen konnte. Die Tür durfte nicht geschlossen werden, und nachts tapste es weinend ins Elternschlafzimmer. Niemand konnte sich dieses Verhalten erklären; alle Versuche, das Kind zum Ein- und Durchschlafen zu bewegen, waren vergeblich. Da erzählte ihm die Mutter eines Tages das Märchen vom Wolf und den sieben Geißlein. Die Kleine hörte mit großen Augen, dicht an die Mutter gekuschelt zu, reagierte aber weiter nicht auffällig. Bis zum Abend! Laut weinend kam sie an: »Mami, Mami, in meinem Zimmer ist der Wolf!« Märchenunkundige Erwachsene reagieren darauf häufig so, daß sie dem Kind versichern, im Zimmer sei ganz bestimmt kein Wolf. Wölfe dürften bei uns ja gar nicht frei herumlaufen, im Tierpark habe das Kind doch schon einen Wolf hinter Gittern gesehen, ganz brav sei der gewesen – es sei doch nur ein Märchen und gar nicht wahr u.s.w. Im Grunde genommen signalisieren wir dem Kind damit nur eins: Du bist dumm. Was du erzählst, ist Unsinn! (Mit dieser Geschichte wird das Kind dann nicht mehr kommen, aber möglicherweise in Zukunft körperliche Angstsymptome zeigen, denen wir noch hilfloser gegenüberstehen.)

In diesem Fall hat die Mutter mit dem Kind den Wolf gesucht – und ihn natürlich nicht gefunden. »Aber Mami, der Wolf kommt doch immer nur, wenn es dunkel ist!« Nach langem Überlegen kam das Kind selber auf die Lösung: »Ich brauche eine Waffe!« Weil die in einem bürgerlichen Haushalt eher selten anzutreffen ist, wurde ein Besenstiel zweckentfremdet, und die Kleine schlug damit unter Bett und Schrank, nahm ihn schließlich auch mit ins Bett. Am nächsten Tag ließ sich die Mutter den schrecklichen Wolf malen: ein schwarzes, riesiges Ungetüm wurde es, das mit einem realistischen Wolf, den das Kind durchaus kannte, nichts zu tun hatte. Die Folgezeit war für die Familie anstrengend, weil das Mädchen ständig »Wolf« spielte, wobei sich die Geschwister fürchten und verstecken mußten. Erst viel später durften auch die anderen Kinder Wölfe sein. Aus allen möglichen Materialien wurden Wölfe gebastelt. Und jeden Tag mußte die Mutter wieder das Märchen erzählen! Nach vielen Wochen wurde der Wolf immer unwichtiger, am Ende war noch ein kleines Hundchen am Rand einer Zeichnung zu sehen – und das Kind konnte ruhig schlafen.

Kinder, die auch ihre Phantasien frei äußern dürfen, die nicht Angst haben müssen, ausgelacht zu werden, sind äußerst findig, wenn es um die Suche nach Auswegen aus der Angst geht.

Eine Mutter hat mir erzählt, daß ihr kleiner Sohn (6 Jahre) ein kunstvolles Plakat gemalt und noch recht unbeholfen beschriftet hat: »Eintritt für Wölfe verboten«. Dieses Plakat wurde außen an die Kinderzimmertür geklebt, und von Stund an betrat kein Wolf mehr das Zimmer! Ein kleines Mädchen hatte große Angst vor der Hexe und kam selbst auf die Idee, jeden Abend eine Hexe zu malen. War das Bild fertig, zerriß sie es und warf es ins Feuer des Küchenherdes.

In dieser Phase sollten wir unseren Kindern viele Möglichkeiten geben, sich schöpferisch mit ihrem Angstbild auseinanderzusetzen: es zu malen, zu modellieren, zu spielen ... Mit großer Wahrscheinlichkeit werden die Kinder gerade dieses Märchen, das »ihnen doch Angst macht«, täglich hören wollen. »Wenn ich heute abend Angst vor der Hexe hab', dann muß mir Mama das Märchen erzählen. Da wird die Hexe verbrannt, dann ist es gut. Und wenn ich morgen wieder Angst habe, will ich das Märchen wieder hören.« (Lisa, 5 Jahre)

Nicht immer müssen große Probleme dahinterstecken, wenn sich ein Kind ein Lieblingsmärchen auserkoren hat. Es können durchaus auch positive Identifikationsmuster sein. »Ich muß die abgetragenen Kleider meiner Schwester tragen und den Mülleimer ausleeren! Also will ich immer wieder Aschenputtel hören und mich in eine schöne Prinzessin verwandeln.«

»In Wirklichkeit bin ich stark und fürchte mich vor niemandem!« – da kann ein wildes Räubermärchen zum Lieblingsmärchen werden.

Diese von Kindern immer wieder erbetenen Märchen sollten wir wirklich so lange erzählen, bis sich das Kind einer anderen Geschichte zuwendet. Hüten wir uns vor Erklärungen und Hinweisen auf die Realität. Der Wolf im Märchen hat nichts mit einem realen Tier zu tun – er ist ein Urbild für Angst, und wir können uns glücklich schätzen, wenn wir mit der bisher diffusen Angst unseres Kindes nun *bildhaft* umgehen können.

Es kann durchaus vorkommen, daß es für uns unbegreiflich bleibt, warum ein Kind dieses oder jenes Märchen unbedingt immer wieder hören will. Das braucht uns nicht zu beunruhigen und ist in vielen Fällen auch überhaupt nicht nötig. Vertrauen wir auf die gesunden Kräfte im Kind, das richtige Gespür für »seine« Geschichte zu entwickeln.

5. Was Märchen im positiven Sinn vermitteln können

5.1 Bewußtseinserweiterung – Signale von innen erkennen

Die viel geliebten und viel geschmähten Märchen machen Kinder damit vertraut, daß es eine Stufe der Wahrnehmung gibt, die unsichtbare Zusammenhänge erhellt. Die Kinder nehmen in diesen Bilder-Geschichten solche Botschaften instinktsicher auf und fühlen sich in ihrer Ahnung bestätigt, daß es diese Verbindungen gibt. In den Kindern kann sich dann ein vorerst noch vages Bewußtsein von der Realität ungreifbarer, aber doch wirklicher Zusammenhänge ausbilden. Der kindliche Sinn wird darauf gerichtet, sich in jenen Innenbereich der Wirklichkeit hineinzuspüren und für Signale, die von dorther kommen, wachzubleiben. – All dies sind Grundlagen vor allem für jede Glaubenserziehung!

5.2 Unterscheidung in der Wahrnehmung –
Gut und Böse kennenlernen

»Wer mir wohltut, ist gut, wer mir wehtut, ist böse« – das ist die erste Einstellung des kleinen Kindes zur Welt – noch jenseits aller Bewußtheit. Diese ichbezogene Sicht von Gut und Böse muß im Verlauf der Erziehung allmählich in eine der Wirklichkeit entsprechende Wahrnehmung überführt werden, die den alleinigen Maßstab des Wohlgefühls sprengt. Denn: was mir weh tut, kann gut sein. Weiterhin muß dem Kind nach und nach zu der Einsicht verholfen werden, daß das Böse und das Gute nicht nur von außen kommen, sondern sich auch in ihm selbst melden. Schließlich muß es Maßstäbe für den Umgang mit diesen Mächten in die Hand bekommen. Das Kind muß das Böse kennenlernen, um zur Einsicht in seine Realität zu gelangen, um es in sein Erleben und Weltbild einzuordnen und schließlich überwinden zu können. Hineingeboren in eine unheile Welt erlebt das Kind alle Tage Böses in seinen verschiedensten Ausformungen – ist aber zunächst außerstande, eine rechte Ordnung in sein Erleben zu bringen.

Hier springen Märchen hilfreich ein. Sie liefern dem Kind bildhafte Zusammenhänge für eine erste Unterscheidung. Sie bringen dem Kind die Realität des Bösen zu Bewußtsein, weil sie diese aussprechen. Die Märchen verheimlichen das Böse nicht. Sie scheuen sich nicht, Unrecht, wie es tagtäglich geschieht, auch vorzustellen. In der Identifikation mit den Märchenfiguren erkennt das Kind Unrecht, das es selber tut, und Unrecht, das es erleidet, wieder. Es bekommt somit die Möglichkeit für eine frühe Auseinandersetzung, die in jedem Fall zu einer wacheren Bewußtheit führt. Wenn diese Bewußtheit auch noch nicht rational verfügbar ist, so wurzelt sie doch im Bildbereich der Seele. Und dies sind entscheidende Wurzeln für das ganze Leben. Die menschlichen Vernunftkräfte allein, das sehen wir alle Tage, sind offensichtlich nicht stark genug, um richtige, »friedliche« Entscheidungen zu treffen. Dazu braucht es auch die gestärkten Seelenkräfte des Gemüts. Diese müssen kultiviert werden, wenn nicht Zwang angewandt werden soll!

Es gibt keine behutsamere Provokation zum Guten und zum Vertrauen in das Gute als die, die uns Märchen anbieten!

Das Märchen gaukelt dem Kind keine heile Welt vor. Es *gibt* Unheil! Es *gibt* den Wolf mit schmeichelnder Stimme. Aber das ist nicht alles. Das ist nur *ein* Teil der Wirklichkeit, den wir durchstehen und manchmal durchleiden müssen. Der andere heißt Rettung! Nie ist der Untergang Unschuldiger das letzte Ende. Das ganze Elend kann und wird sich in Glück verwandeln. Das Kind erfährt, daß es trotz des Bösen eine Ordnung gibt, die zum Guten führt.

5.3 Lebensermutigung – an sich glauben lernen

Der Grundton aller Märchen lautet: Vertraue! In den aufregendsten und schrecklichsten Geschichten klingt er wie ein ostinater Baß ständig durch. Erwachsene mit »verschulten« Köpfen vermögen ihn nicht mehr zu hören. Aber Kinder hören ihn. Daß die böse Hexe verbrannt wird, erscheint ihnen nicht grausam, sondern hoffnungstiftend und gerecht und Zuversicht erweckend. Das Märchen vermittelt dem Kind ein intuitives, unterbewußtes Verständnis seines Wesens und der Aussichten, die die Zukunft ihm eröffnet, wenn es seine positiven Anlagen entwickelt. Aus dem Märchen erahnt es, daß Menschsein in unserer Welt bedeutet, vor schwere Aufgaben gestellt zu werden, aber auch wunderbare Abenteuer zu erleben und zu bestehen. Es spürt beim Hören wieder den stechenden Schmerz der geschwisterlichen Eifersucht, das verzweifelte Gefühl der Zurücksetzung, wenn es verachtet wird, sein Minderwertigkeitsgefühl, wenn seine körperlichen Kräfte ungenügend sind, usw. Wenn dann ein »Großer« da ist, der daran aktiv und bewußt Anteil nimmt, fühlt es sich in seiner Persönlichkeit bestätigt, verstanden. Dann gewinnt es die Überzeugung, daß ihm nach all seinen Mühen eine herrliche Zukunft gewiß ist – nur diese Zuversicht verleiht ihm die Kraft, in Sicherheit und Selbstvertrauen und Selbstachtung erwachsen zu werden.[6]
Wir sollten uns hüten, den Kindern keine andere Weltsicht mehr zu vermitteln als die realistisch-pessimistische Weltanschauung der mo-

6.   Betz, Felicitas: Die Seele atmen lassen, Kösel GmbH, München 1989.

mentan vorherrschenden Erwachsenen-Gegenwart. Kinder und Jugendliche, die ihren Glauben an eine lebbare Zukunft verloren haben, gibt es bereits zuhauf. Sie führen uns deutlich vor Augen, was es bedeutet, ohne Kraft und Hoffnung aufzuwachsen, ohne schöpferische Alternative der Arbeitslosigkeit, der Bindungslosigkeit, dem Drogenkonsum ausgeliefert zu sein.

II. Hilfen zur erfolgreichen praktischen Umsetzung von Märchen

Grundlegende Gedanken zur Auswahl und Darbietung

Wer sich grundsätzlich dazu entschlossen hat, Märchen in der Kindererziehung einzusetzen, kommt nicht umhin, vorab einige wichtige Fragen zu klären:

1. Märchenauswahl

Hier gibt es einige ganz klare Kriterien:

– Das Märchen muß kurz genug sein, um von den Kindern in einem Stück aufgenommen werden zu können. Das gute Ende ist unverzichtbar.
– Es sollte die Jahreszeit, in der die Handlung spielt, berücksichtigt werden. Märchen, in denen z.B. von Schnee und klirrender Kälte die Rede ist, sollten nicht im Sommer erzählt werden.
– Das Märchen muß in seinem Handlungsablauf einfach und übersichtlich sein. Alle klassischen Kindermärchen sind »einsträngig«. Die Märchenkinder erleben eine dramatische Situation z. B. im Elternhaus, verlassen es (freiwillig oder unfreiwillig), setzen sich mit allerlei Gefahren auseinander und kehren schließlich reifer und selbstsicherer dorthin zurück – oder werden danach König bzw. Königin. Bei einem »mehrsträngigen« Märchen gäbe es nach der ersten Phase noch keine Erlösung, sondern daraus würde sich ein weiteres Abenteuer entwickeln, das ebenfalls bestanden werden muß, damit es zum guten Ende kommt.

- Ein ganz wesentlicher Punkt ist, daß das Märchen die Eltern oder Erzieherinnen ansprechen muß, es sollte ihnen gefallen! Wenn man mit einem Märchen Schwierigkeiten hat – sei es, weil es zu grausam erscheint oder aus einem anderen Grund –, dann ist es besser, man läßt es sein und entscheidet sich für ein anderes. Denn die Kinder spüren eigene Ängste und Vorbehalte und übertragen sie auf sich.
- Volksmärchen sollten in ihren wesentlichen Abläufen nicht verändert werden. Dafür sind im ersten Teil Gründe genannt.

1.1 Märchenalter

Das Märchenalter wird häufig zu tief angesetzt. Kinder sollten mindestens das 4. Lebensjahr vollendet haben, noch besser um die fünf Jahre alt sein. Bei erst Dreijährigen, und seien sie noch so aufgeweckt, mit dem Erzählen von Zaubermärchen zu beginnen, wäre verfrüht. Kinderlieder, Abzählreime, Kettenmärchen und natürlich selbstdachte Geschichten gehören in diese Altersstufe. Gute Kinderliteratur und hochwertige Bilderbücher finden sich inzwischen in der Grundausstattung eines jeden Kindergartens.

1.2 Märchenbücher – Märchenkassetten – Märchenfilme – Märchentheater

Wenn es allerdings um die Hinführung der Kinder an ein Märchen geht, sollte auch auf das schönste Bilderbuch verzichtet werden: Märchen beanspruchen – damit sie ihre Wirkung voll entwickeln können – einen besonderen Stellenwert. Sie gehören wirklich ganz individuell dem einzelnen *Hörer*, d.h. der freien Phantasie des einzelnen Kindes. Niemand sollte ihm vorschreiben, d.h. vorzeichnen, wie eine Hexe, ein Zauberer z.B. auszusehen und damit zu wirken hat. Märchenkassetten und -filme sind besonders kritisch zu prüfen. Auf einer guten Kassette ist außer der Stimme eines Erzählers/einer Erzählerin nichts zu hören. Viele Verlage bieten auf Billig-Kassetten jedoch nicht *eine* Stimme, sondern schrilles Geschrei und ein Sammelsurium von grellen Tönen an, das nicht nur bei Kindern Herz-klopfen und eine Abscheu vor Märchen hervorrufen kann! Ebenso verhält es sich mit einem Großteil der Filme. Was wird da nicht alles unter dem Deckmantel »Märchen« angeboten! Doch auch gute Märchenfilme oder Bühnendarstellungen können problematisch sein – immer dann, wenn es sich um Menschendarstellungen handelt. Märchen-Symbol-Figuren sind eben *keine* Menschen! Mit den Personifizierungen verläßt man die Symbol-Ebene, und ganz neue Probleme tauchen auf: Wie die »Hexe« verbrennen, wenn die Kinder deutlich eine lebendige Frau sehen?

Hinzu kommt, daß ein Großteil der Kinder beim Anhören der Kassetten oder Anschauen der Filme allein gelassen wird. Das aber kann für das Kind heißen, mit der nicht durch das Märchen, sondern durch die Art der Darbietung hervorgerufenen Angst allein gelassen zu sein. Die Vorführung eines wirklich guten Puppen- oder Schattentheaters hingegen kann man Kindern durchaus zum Geschenk machen. Hier bleibt der Phantasie genügend Raum, es entstehen nicht die o.g. Zwänge. Auch gegen Aufführungen z.B. der Tschechischen Puppen-spieler im Fernsehen ist nichts einzuwenden, wenn sie nicht die al-leinige »Märchenkost« bleiben.

Geben wir also unseren Kindern die Freiheit, sich die Bilder, die ihnen beim Hören des Märchens aufsteigen, »unzensiert« anzuschau-en und auszudrücken. Dazu gehört auch, daß wir ihr Hören nicht mit Fragen oder anderen Aktivitäten stören.

2. Mit allen Sinnen – Märchenerfahrung im Kindergarten-Alltag

»Ich mag Märchen und finde sie wichtig für Kinder – aber in unse-rem Kindergarten bleibt dafür kaum Zeit!« »Der Rahmenplan gibt uns feste Themen vor, an die wir uns halten müssen – da ergibt sich kaum Gelegenheit, einmal ein Märchen zu erzählen.« Solche und ähnliche Aussagen begegnen mir von seiten der Erzieherinnen im-mer wieder. Wenn wir aber Kindern – wie im ersten Teil ausgeführt

– mit der Vermittlung von Märchen wesentliche Entwicklungshilfe leisten können, dann ist es nötig, sich über das *wann* und *wie* Gedanken zu machen. Dann können wir auch die Erfahrung machen, daß es gar nicht so schwierig ist, Märchen in einen Rahmenplan mit einzubeziehen. Das Stichwort in diesem Zusammenhang heißt *ganzheitliche* Märchenerfahrung! Dazu im folgenden einige Anregungen – nicht nur im Hinblick auf die in Teil III angeführten Märchen.

2.1 Ganzheitliche Märchenerfahrung

Was kann und will ich über dieses Märchen den Kindern an Erfahrungen vermitteln? In diesem Zusammenhang ist nicht nur an »Lebens«-Erfahrungen gedacht – diese suchen und finden die Kinder ohnehin allein durch das hörende Aufnehmen – sondern an eine Erweiterung ihres Wissens im Umgang mit der Natur, mit den Tieren, mit verschiedenen Materialien usw.

Wie kann ich Kindern dieses »Wissen« vermitteln, sie damit auch auf das später erzählte Märchen einstimmen? Daß es nicht damit getan sein kann, den Kindern Zusammenhänge zu erklären, sie zu belehren, möchte ich an dieser Stelle noch einmal ausdrücklich betonen. Nicht kopflastiges Wissen ist hier gemeint, sondern Verstehen, Erfassen, das aus der leibhaftigen Erfahrung kommt. Das Wort Er-fassen sagt es noch ganz deutlich: über alle Sinne, übers An-fassen lernen die Kinder. Dafür aber brauchen sie Zeit. Über Tage oder sogar Wochen steht *vor* dem Hören des Märchens eine Beschäftigung mit den wichtigsten Protagonisten und Motiven auf dem Plan.

2.2 Erläuterung am Beispiel des Märchens »Die Bienenkönigin«

Inhaltsangabe

Zwei Königssöhne gehen auf Abenteuer, werden von ihrem jüngsten Bruder, dem Dummling, gesucht, verspotten ihn, ziehen aber doch gemeinsam weiter. Auf dem Weg wollen die beiden Ältesten einen

Ameisenhaufen und ein Bienennest zerstören und die Enten eines Teiches braten, woran sie jeweils der Dummling hindert. Zuletzt kommen die Brüder in ein verwünschtes Schloß, in dem alles versteinert ist. Ein kleines graues Männlein stellt den Brüdern drei Aufgaben, durch die das Schloß erlöst werden kann. Die beiden Ältesten scheitern, werden selbst zu Stein. Dem Dummling kommen die Tiere, denen er vorher geholfen hat, zu Hilfe, ihm gelingt die Erlösung, und er wird König. (Originaltext vgl. S. 80)

Intention und Spielideen

Das Märchen »Die Bienenkönigin« paßt in den Frühling oder Sommer. Hauptintention sollte sein, die Sensibilität von Kindern für die lebendigen Zusammenhänge der Natur zu fördern. Wenn irgend möglich sollte man gemeinsam mit den Kindern hinausgehen und die Tiere beobachten, von denen im Märchen erzählt wird: die Ameisen, die Bienen und Enten.

– Ein Ameisenhaufen muß angeschaut, die Geschäftigkeit und Emsigkeit der kleinen Tiere ins Gefühl eingelassen werden; die Kinder sollen erleben, wie diese Tierchen auf kleinste Störungen reagieren, wie sie gemeinsam schleppen und tragen: das ist unendlich spannender als die schönsten Abbildungen in einem Buch!
– Wir sprechen über unsere Beobachtungen, lassen die Kinder erzählen, ihr Sprachschatz wird sich dabei erweitern: die Ameisen laufen, krabbeln, kriechen, tragen, bauen, schleppen ...
– Neben dem Sprechen kann auch gesungen werden, mit selbsterfundenen Melodien.
– Natürlich werden die Kinder auch Ameisen spielen wollen, schnell hin- und herkrabbeln, eine Ameisenstraße bilden, gemeinsam eine Ameisenburg bauen, malen und manche weitere Idee dazu einbringen.

Ähnlich könnten wir den Kindern Bienen und Enten nahebringen. Kennen wir nicht vielleicht noch einen Imker, den wir besuchen dürfen? Von ihm würden die Kinder viel über das interessante Leben eines Bienenvolkes erfahren. Wenn das nicht möglich ist, so können wir doch in jedem Garten Bienen beobachten – wie sie summen, von Blüte zu Blüte fliegen, Honig einsammeln usw.

- Einen »Summkreis« zu bilden macht den Kleinen Spaß, und unmerklich wird damit das »Aufeinander-Hören« gefördert.
- Tänze könnten improvisiert, Flügelchen gebastelt werden für ein Spiel. Und natürlich essen wir in der Pause Honigbrot.

Enten kennt wohl jedes Kind – oder doch nur aus dem Auto heraus? Es macht bestimmt allen Freude, die Vögel während eines Spaziergangs zu besuchen, zu füttern und zuzuschauen, wie sie schwimmen und tauchen, wie lustig ihr Watschelgang aussieht. Auch hier bieten Spiele und Lieder Möglichkeiten der Beschäftigung.

- Ein Entenei in die Hand zu nehmen ist für Kinder ein seltenes Erlebnis. Es ist viel größer als ein Hühnerei – und aus solch einem Ei schlüpfen die flauschigen kleinen Küken!
- Die Kinder können Federchen aufsammeln und mit in den Kindergarten nehmen: was kann man damit nicht alles spielen und basteln!

Imaginationsübung

Wenn wir uns eine Weile (mindestens eine Woche) mit einem Tier beschäftigt haben, könnten die Kinder zu einer *Imaginationsübung* angeregt werden:

- Wißt ihr noch, wie der Ameisenhaufen aussah? – Wir wollen einmal die Augen schließen, vielleicht könnt ihr ihn dann noch sehen? ...
- Oder: Was haben wir gestern am Teich gesehen? (Erzählen lassen.) Wer weiß noch, welche Ente ihm am besten gefallen hat? ... Könnt ihr sie noch sehen, wenn ihr die Augen schließt? ...
- Oder: Gestern durftet ihr beim Imker zusehen, wie die fleißigen Bienen ihren Honig nach Hause bringen. Danach haben wir alle Honig geleckt. Schließt einmal eure Augen – könnt ihr den Honiggeschmack noch auf der Zunge spüren?

Solche Übungen gelingen in aller Regel, wenn die Erzieherin ein gutes Verhältnis zu den Kindern hat, ein wenig Phantasie in das Thema einbringt und sich und den Kindern Augenblicke der Muße gewähren kann. Auf die Kinder wirken sie beruhigend und ausgleichend.

An die Bilder im Märchen kann man in ähnlicher Weise herangehen:

– Das verwünschte Schloß mit den steinernen Pferden – wie fühlt es sich an, »versteinert« zu sein, sich nicht mehr zu bewegen?
– Die verschlossene Tür mit dem Fensterchen – wie sieht solch eine Tür in der Vorstellung der Kinder aus?
– Das Moos im Wald – kennen die Kinder Moose in ihrer so unterschiedlichen Erscheinungsform? Wissen sie, wie es sich anfühlt, wenn man barfuß darübergeht? Können sie seine feuchte tiefgründige Weichheit mit den Händen erfühlen, beobachten, wie es seine Farbe und seinen Geruch während des Trocknens verändert und dann ein wunderbares Nestchen abgibt?
– Auch das Vorhängeschloß mit dem Schlüssel, das das graue Männchen aufsperrt, ist solch ein Bild, das außer zum Betrachten, Sprechen und Staunen (kein Vergleich mit unseren modernen Sicherheitsschlüsseln!) zu *Kreativität* verführen möchte. Wenn die Kinder sich mit geschlossenen Augen »ihren« Schlüssel vorgestellt haben, dürfen sie ihn aus Ton oder Salzteig modellieren – oder sie dürfen ihn malen, zeichnen, ausschneiden ...

Viel Zeit kann vergangen sein, seitdem sich die Erzieherin für dieses eine Märchen entschieden hat. Inzwischen ist sie einen langen Weg mit den Kindern gegangen, und die im Märchen verwendeten Bilder sind den Kindern vertraut geworden, sie haben ihre eigenen, sinnenhaften Erfahrungen damit gemacht und darüber hinaus (das sei für ehrgeizige Eltern angemerkt) jede Menge Neues entdeckt und dazugelernt.
Bei all diesen Beobachtungen haben die Kinder zwar Bezug zur Realität erlebt – doch auf ganz andere Weise, als wenn die Märchen vorgefertigt in einem Film gezeigt würden. Ihre Phantasie wird in keiner Weise eingeschränkt, es bleiben alle Möglichkeiten offen, die

Märchenbilder (Symbole) auf individuelle Weise zu erleben. Die »Dämonen« eines Märchens, also z.B. Hexe und Wolf, werden wir auf keinen Fall in solche Übungen mit hineinnehmen!

Nun ist der Tag gekommen, an dem die Kinder das Märchen zum erstenmal erzählt bekommen. Es ist selbstverständlich, daß wir dafür eine Stunde wählen, in der keine Störungen zu erwarten sind, daß wir nach außen zeigen: Wir wollen jetzt in Ruhe gelassen werden!

3. Vorbereitung der Kinder auf das Hören eines Märchens

3.1 Stilleübungen und Spielanregungen

Ehe wir einer Gruppe von Kindern Märchen erzählen, sollten wir versuchen, die Kinder durch einfache, kindgerechte meditative Übungen in die *Stille*, zu sich selbst, in ihre Mitte zu führen. Äußeres Tun bewirkt inneres: miteinander einen Kreis bilden, zur Ruhe kommen mit Händen, Füßen und Augen, zur Ruhe kommen mit dem Nachbarn – das sind elementare Voraussetzungen, damit die Kinder innerlich Frieden finden und mit all ihren Sinnen und dem Herzen wach da sind. Wichtig ist, daß dem anleitenden Erwachsenen bewußt ist, daß Stille nicht um ihrer selbst willen eingefordert wird, nicht als »Erziehungsmittel« mißbraucht werden darf: »Jetzt seid endlich einmal still, damit ich erzählen kann!«, sondern daß sie etwas sehr Lebendiges ist und in der Stille Wesentliches erfahren und erlebt werden kann ... Stille tritt auch nicht sofort, auf Wunsch oder Befehl, ein. (Das wäre nur Ruhe.) Sie kommt allmählich, langsam. Bewegungen, Aktivitäten müssen ausschwingen können. Die Kinder müssen dort abgeholt werden, wo sie sich gerade befinden; müssen zunächst so ankommen dürfen, wie sie sich im Moment fühlen.

Das »Hereinholen« der Kinder kann auf vielerlei Weise geschehen. Ich will mit einigen Beispielen zu eigenen Wegen anregen:

– Der »Märchenzug« oder eine »Märchenschlange« zieht durch den Kindergarten, und jedes Kind, das ein Märchen hören will, hängt sich hinten an und kommt mit in das »Märchenland«. Die Erzieherin läutet mit einem Glöckchen oder schlägt ein Rhythmusinstrument an, oder die Kinder singen einen selbsterdachten Kehrvers. (Es hat sich bewährt, die Teilnehmerzahl zu begrenzen. Wer heute nicht mitkann, darf eben morgen ...)
– Wir spielen mit den Kindern ein gebundenes Kreisspiel (ganz besonders geeignet, wenn damit bereits ein erster Zusammenhang mit dem späteren Märcheninhalt hergestellt werden kann), bei dem es durchaus laut und wild zugehen kann. Es lohnt sich, in der Erinnerungskiste nach alten Spielen zu graben, die oft noch richtige »Dämonenspiele« waren. Sie handeln z.B von Hexen, Wölfen, Zauberern und ihrer Überlistung und leisten ihren Beitrag zur Angstbewältigung.
– Lieder und auch Tänze, rhythmische Verse gehören ebenfalls in diesen vorbereitenden Teil. Der Phantasie sind keine Grenzen gesetzt.

3.2 Der Goldene Reifen

Der Goldene Reifen ist das Zeichen, das Symbol und für die Kinder heißgeliebter »Zauberring«, durch den sie in das »Märchenland« eintreten. Mit seiner Hilfe gelingt der erste Schritt in eine gesammelte Stille auf spielerisch-leichte Weise.

Zunächst zu seiner äußeren Beschaffenheit: Es handelt sich um einen Gymnastik- bzw. Hula-Hoop-Reifen, mit selbstklebendem Goldband umwickelt, was ihm ein »kostbares« Aussehen verleiht.

Vor Beginn der Erzählung dürfen alle Kinder, die ein Märchen hören wollen, durch den von der Erzählerin gehaltenen Reifen kriechen und sich dann still auf ihren Platz setzen. Natürlich steigt auch die Erzieherin durch den Reifen.

Worin liegt seine Faszination? Ich habe es selbst bei 9jährigen noch erlebt, daß sie betroffen reagiert haben, als ich meinen Reifen einmal vergessen hatte. Ganz ernsthaft wurde die Frage erörtert: »Und wie sollen wir jetzt ins Märchenland kommen?« Zum Glück hatte ich meine Klangschale dabei, die ich vor jedem Märchenerzählen spiele. Hier lag dann auch die Lösung des Problems: »Du mußt die Klangschale *dreimal* spielen, dann können wir auch ohne Reifen ins Märchenland gehen!«

Ebenso wichtig ist es den Kindern – auch daran denke ich nicht immer – nach dem Märchen, bevor wir uns der Realität zuwenden, wieder aus dem Reifen herauszusteigen: sie fühlen sehr genau, daß die Wahrheit der Märchen eine andere Ebene berührt, daß der Wolf, die Hexe, das verzauberte Pferd einer anderen Welt angehören. Diese »andere« Welt ist einerseits noch ganz die ihre, in ihr fühlen sie sich heimisch. Andererseits leben sie in einer Erwachsenenwelt, in der Phantasie oftmals verpönt, zumindest aber unerwünscht ist. Die meisten Kinder bemühen sich sehr früh, einer zwar nicht immer ausgesprochenen, aber häufig deutlich deutlich spürbaren Erwartungshaltung zu entsprechen, nämlich sich vorwiegend auf rational-intellektueller Ebene auszudrücken. Unser gemeinsames »Im Märchenland-Sein« wirkt ungeheuer befreiend, beglückend auf die Kinder: »Hier darf ich mir alles ausdenken, alles ist möglich, darf durchgespielt werden, ohne daß man mich auslacht!«

Auf die Bedeutung des Kreises, der Mitte, gehe ich im Anschluß noch ausführlich ein. Mit der kleinen Übung: »Durch den goldenen Reifen kriechen und sich dann still auf seinen Platz setzen« wird auf ganz einfache Weise das Unbewußte der Kinder positiv beeinflußt, machen die Kinder eine wichtige Erfahrung: »Um Tiefes, Kostbares zu erleben, muß ich in die Mitte kommen – in meine Mitte –, muß ich mich sammeln, bei mir sein«.

3.3 Die Kraft der Mitte

»Märchen sind heilsam«, »Märchen vermitteln Lebenswissen« – bleiben das nicht nur Schlagworte angesichts einer so schwierigen Erziehungssituation, wie wir sie heute bereits im Kindergartenalter vorfinden? Kinder, deren Verhalten von motorischer Unruhe geprägt ist, die nicht mehr in sich ruhen, nicht mehr »bei sich« sind, werden sich nur schwer – oder gar nicht – auf ihre eigenen inneren Bilder einlassen können. Wie können wir unseren Kindern helfen, sich aus dieser Bewegtheit und Umtriebigkeit zu lösen?

Die Begegnung mit den Schätzen an Lebenswissen und Lebensweisheiten, wie sie in den alten Volksmärchen verborgen sind, benötigten eine stille, gelassene Atmosphäre, Ruhe und Offenheit. Wenn wir uns nun nicht »irgendwie«, sondern im *Kreis,* auf eine gemeinsame Mitte bezogen versammeln, so bringen wir gleichsam eine unsichtbare Kraft ins Spiel.

Wir können sie die *Mittekraft* nennen. Von dort her ordnet sich der Kreis, auf sie hin richtet er sich aus. Die Mitte können wir mit den Kindern auf ganz unterschiedliche Weise suchen. Nur einige Beispiele will ich aufzeigen:

- Wir suchen sie mit unseren Augen.
- Wir legen einen Goldreifen dorthin.
- Ein Kind darf sich in den Reifen stellen und die Augen schließen; ein anderes geht leise auf das Kind zu und berührt es sachte – zeigt ihm damit: Du bist kostbar, ich mag dich! (Achtung! Bei Kindern, die nicht gut in der Gruppe integriert sind, nicht zu lange warten! Auch die Erzieherin kann natürlich auf ein Kind zugehen.) Auf diese Weise treten alle Kinder nacheinander in den Kreis.
- Ein Kind nach dem anderen darf zur Mitte gehen und eine kleine »Kostbarkeit« aus den bereitgestellten Materialien (Legematerial aus Holz, Steinchen, Naturmaterialien, Perlen ...) wählen und in die Mitte legen. Ein leiser Klang (z.B. Glöckchen, Triangel) kann jeweils den Auftakt für das nächste Kind geben.

Suchen und bestimmen wir solch eine gemeinsame Mitte, solch ein Zentrum, so scheint dieses Tun zunächst nur ein spielerischer, äußerlicher (überflüssiger?) Vorgang zu sein. In Wahrheit kann und will durch solche Übungen etwas bewirkt werden; in jedem einzelnen und in der Gruppe insgesamt: Die Aufmerksamkeit sammelt sich, richtet sich auf einen Punkt. Der Wechselwirkung zwischen dem leibhaftigen, sinnenhaften Tun und der inneren Verfaßtheit kommt große Bedeutung zu. Alle Hinführung zur Sammlung, Konzentration,

Stille beginnt von außen über entsprechende sinnliche Wahrnehmung und »leibhaftes« Tun. Schon die Aufforderung, einander die Hände zu geben, vertieft Sammlung und Ruhe.[7]

– Wir reichen uns die Hände, schließen den Kreis – und begrüßen uns auf besondere Art: ich schenke meinem Nachbarn zur Rechten einen Händedruck. Wenn er ihn gespürt hat, gibt er ihn weiter – bis er wieder bei mir angekommen ist. Nun beginne ich zu *summen* – und der Summton wird aufgenommen und gehalten, bis auch er im Kreis herumgegangen ist und wir alle gemeinsam summen. (Es ist ein Erlebnis, wenn schon kleine Kinder intuitiv nach einem gemeinsamen Ton suchen – und ihn meist finden!)
– Wir stehen im Kreis und begrüßen uns mit den Augen, einen nach dem anderen: Wer ist denn heute noch mit dabei? – Dann schließen wir die Augen (kleine Kinder halten sich häufig lieber die Hände vors Gesicht) und probieren aus, ob wir uns alle Gesichter vorstellen können. Ob wir mit geschlossenen Augen schauen können? – Danach öffnen wir unsere Augen wieder, drücken uns die Hände und setzen uns.
– Wir sitzen und reichen uns die Hände. Die Kinder fühlen die Wärme der Hand – und schließen ihre Augen – sie hören auf Geräusche, die von außen kommen – sie hören auf Geräusche, die noch im Raum wahrnehmbar sind – sie spüren ihren Atem, der ein- und ausströmt – sie hören auf einen Ton, z.B. Triangel, Klangschale ...

Nun öffnen sie die Augen wieder, und jetzt ist wirklich Stille eingekehrt, in die hinein erzählt werden kann.

Jetzt kann alles nachfolgende Tun und Hören auf fruchtbaren Boden fallen, kann, bildlich gesprochen, Wurzeln schlagen im Gemüt unserer Kinder und ihr Leben nähren, stärken und bereichern.

Diese kleinen Übungen erfordern nur wenig Zeit – aber Erzieher/innen, die auch für sich selbst Hektik, Lärm und Unruhe ausschal-

7. »Religionspädagogische Praxis«, Heft 1990/2, Verlag RPA GmbH, Landshut.

ten können und wollen. Nicht wortreiche Erklärungen sind notwendig zur Anleitung, sondern eigenes stilles und ruhiges Tun. Kinder lieben den immer gleichen Ablauf, brauchen ihn, je jünger sie sind, desto mehr, gleichsam als »Gerüst«, das Sicherheit gibt und Geborgenheit vermittelt.

4. Märchenvortrag –
den trockenen Buchstaben Leben verleihen!

4.1 Das freie Erzählen –
Möglichkeiten und Wirkung

Den Märchen – und auch unseren Kindern – kommen wir sicher am nächsten, wenn wir *frei erzählen,* ohne ein Buch zu Hilfe zu nehmen. Wir spüren sehr deutlich, daß wir »Mittler« sind zwischen den tiefgründigen Weisheiten der Märchen und den Seelen der Kinder. Wir können Augenkontakt halten, bekommen sofort alle Reaktionen der kleinen Zuhörer mit: ihr Mitfühlen, ihre Ängstlichkeit (die Augen werden groß, und der Daumen wandert in den Mund), aber auch ihre erlöste Freude zum guten Ende. Beim Erzählen hat man die Kinder im Blick, entsprechend können wir reagieren und handeln: Wenn ich sensible Kinder vor mir habe, werde ich mich, d.h. meine Stimme, zurücknehmen und einfach nur sachlich z.B. von dem hinterlistigen Wolf erzählen. Habe ich kleine Rabauken vor mir, denen es nicht wild genug sein kann, wird mein Wolf ein ganz anderer sein. Ich werde vielleicht erleben, daß die Kinder nahe zusammenrücken oder auch ganz nah bei mir sein wollen. Natürlich nehme ich als Erzieherin solch ein ängstliches Kind dann auch auf den Schoß, lege den Arm um ein anderes. Das ist es ja, was ich beim »anwesenden« Erzählen auch vermitteln kann und will: Geborgenheit. In der Geborgenheit der Gruppe und des verstehenden Erwachsenen kann das Kind Erfahrungen sammeln, die sein Urvertrauen stärken, die ihm auch »draußen« im Leben nützen, die u.a. wichtige Grundlage für jede spätere Glaubenserfahrung sind.

Märchenerzählen will geübt und gelernt sein, und die Unsicherheit auf diesem Gebiet ist groß. Wir können einen Inhalt mit unseren eigenen Worten wiedergeben, wir können ihn Wort für Wort erzählen – und stehen dann vor der Frage: Wie eigne ich mir einen Text an, ohne ihn mühsam »auswendig« zu lernen? Wo und wie kann man diese Kunst erlernen? Die Europäische Märchengesellschaft bietet in speziellen Erzählseminaren die Möglichkeit an, sich unter sachkundiger Anleitung das nötige Rüstzeug anzueignen (Adresse siehe Anhang).

Doch gleichgültig, ob Anfänger oder Geübte: um ein Märchen lebendig und angemessen zu erzählen, sollten einige wesentliche Punkte bedacht werden.

4.2 Die Auseinandersetzung mit dem Inhalt

Wenn eine Erzieherin ihren Kindern ein Märchen anbieten möchte, ist es wichtig, daß sie sich vorher mit seinem Inhalt vertraut macht und es in aller Ruhe mehrmals und vor allem *laut* liest. Märchen waren ja ursprünglich erzählte, mündlich überlieferte Geschichten. Märchen leise zu lesen kann äußerst langweilig sein: es fehlen die Nuancen des mündlichen Vortrags, die Feinheiten, die diese zur mündlichen Weitergabe (vgl. orale Tradition der Märchen) bestimmten Texte auszeichnen. Wenn wir einem Märchen allerdings unsere Stimme leihen, dann erfüllen wir es gleichsam mit Leben. Wir überbringen dem Zuhörer zunächst schon einmal mit unserem Grundton eine Botschaft: ob heiter, sachlich, verschmitzt oder beschwörend, ob derb oder prosaisch. Um den rechten Ton zu treffen, muß überlegt werden, bei welchen Gelegenheiten und von wem dieses Märchen wohl erzählt wurde. Haben es sich die Männer im Wirtshaus erzählt (und ist es dann für Kinder dieses Alters geeignet?), oder wurde es am Abend erzählt, wenn die ganze Familie zusammensaß? Vielleicht paßt es eher zu den jungen Mädchen in der Spinnstube – oder wird wohl eine Großmutter es ihren Enkeln erzählt haben? Solche Gedanken mögen uns auch davor schützen, in den leider »typischen« Märchentanten/-onkel-Ton zu fallen, der auch in Radioübertragungen und erst recht auf Kassetten zu hören ist – ein für alle Märchen gleicher, unerträglich betulicher Ton, der vielleicht dem Sprecher in seiner Eitelkeit, nicht aber dem vorgetragenen Märchen gerecht wird.

Die handelnden Märchenfiguren müssen genau betrachtet werden, damit wir auch für sie den richtigen Ton treffen: Was für ein kleines Mädchen ist das in dem Märchen? Ein schüchternes oder vorlautes? Ist es mutig und stark, oder traut es sich nichts zu, ist ganz hilflos? Das gut erzählte oder gut gelesene Märchen bedarf all dieser Beschreibungen nicht: wir legen sie in unsere Stimme, und damit kann der Zuhörer das kleine Mädchen leibhaftig vor sich sehen!

Wir brauchen nicht langweilig zu erzählen, doch von aller übertriebenen Rhetorik ist dringend abzuraten. Wir wollen uns ja nicht vor den Kindern produzieren, ihnen »unsere« Überzeugungen aufzwingen, sondern wir wollen ihnen eine Botschaft übermitteln, mit der sie frei umgehen können.

4.3 Das Vorlesen von Märchen

Was aber, wenn sich jemand dieses freie Erzählen (noch) nicht zutraut? Dann gibt es auch hier eine zweitbeste Lösung, die viel sinnvoller ist, als auf Kassetten zurückzugreifen oder ganz auf Märchen zu verzichten – das sogenannte »*freie Lesen*«. Wichtig ist auch bei dieser Form, daß man sich mit dem Inhalt des Märchens durch mehrmaliges lautes Lesen vertraut mache, daß all die oben angeführten Fragen genauso überlegt sind, wie es für das Erzählen notwendig wäre.

Wenn ich mir als Vortragende/r ein Märchen auf diese Weise »einverleibt« habe, trage ich den Handlungsablauf in mir und brauche nicht mehr mit den Augen an den Buchstaben zu kleben. Ich kann zwischendurch die Kinder ansehen und orientiere mich nur von Zeit zu Zeit wieder am Text. Und so passiert es, daß man nach einigen Vorträgen plötzlich bemerkt, daß man das Buch überhaupt nicht mehr braucht! Natürlich profitieren nicht nur die Kinder von

Märchen. Die Beschäftigung mit den Bildern von Märchen (und damit mit Lebenserfahrungen und Lebensweisheiten) läßt niemanden unberührt zurück; auch wenn wir am Ende nicht immer erklären können, was das alles bedeutet. Wir ahnen, was die Kinder noch ganz intuitiv verstehen: in diesen Geschichten stecke auch ich mit *meiner* Geschichte!

Die »altmodische« Sprache der Grimmschen Originaltexte sollten wir den Kindern nicht vorenthalten. Sie gehört mit zum anerkannt wertvollsten Literaturgut und bereichert ganz nebenbei den Sprachschatz unserer Kinder ungemein. Es ist auch nicht nötig, jedes einzelne unbekannte Wort zu erklären. Den Kindern kommt obendrein über diese »Märchensprache« eine Botschaft zu: Was hier geschieht, vollzieht sich auf einer anderen Ebene, ist nicht Tagesrealität.

5. Nach dem Hören

Lassen wir den Kindern Zeit und Gelegenheit, in die Realität zurückzukommen. Vielleicht mögen sie eine Weile nur verträumt nachsinnen – vielleicht werden aber auch Fragen und Gedanken geäußert. Wir alle sind es kaum mehr gewohnt, in der Stille zu verweilen. Oft konnte ich beobachten, daß die Kinder dankbar eine kleine Hilfe annehmen, um dann noch ein wenig bei sich selbst und den eigenen Gefühlen zu verweilen. So eine Hilfe kann z.B. ein Stückchen trockenes Brot sein – von mir schweigend an alle ausgeteilt, das dann fast andächtig gegessen wird. Noch nie habe ich es erlebt, daß ein Kind dieses karge Mahl abgelehnt hätte. Erzählte das Märchen von Honig, einem Apfel, einer Birne oder sonst einem Lebensmittel, werden wir natürlich dieses gemeinsam essen. Dies soll nur eine Anregung sein – kann zum gemeinsamen Ritual werden, muß es aber keineswegs.

Bemerke ich, daß die Kinder über das Gehörte sprechen wollen, werde ich natürlich darauf eingehen. Hier ist Gesprächsführung sicher besonders wichtig. Nicht die Vielredner sollen ja in erster Linie zum Zuge kommen, sondern alle sollen Gelegenheit finden, das, was sie bewegt hat, zu erzählen. *Aktives Zuhören* ist dabei eine bewährte Methode: vorschnelle Erwachsenenantworten, die meist an der Kernfrage des Kindes vorbeigehen, befriedigen die Kinder nicht wirklich. Oft bringt eine einfühlsame Gegenfrage: »Wie stellst du es dir vor?« einen ganzen Schwall von phantasievollen Gedanken, von persönlich gefärbten Lösungsmöglichkeiten an den Tag. Viele Kinder sind nicht gewohnt, in ihrer ihnen gemäßen Denkweise ernst genommen zu werden, wagen es nicht, sich so zu äußern, wie sie wirklich fühlen und denken. Auf gar keinen Fall dürfen wir uns dazu hinreißen lassen, den Kindern im nachhinein das Märchen deutend zu erklären, es selbst zu zer-reden. Ich habe es übrigens erstaunlich selten erlebt, daß Kinder – gleich welchen Alters – im Anschluß an eine Erzählstunde »sachliche« Fragen gestellt haben.

Diese Phase des Nachklingens sollte nicht allzu lange ausgedehnt werden – schließlich steigen oder krabbeln alle wieder durch den *goldenen Reifen* aus dem Märchenland heraus.

5.1 Ausklang und kreative Nachgestaltung

Es bietet sich an, die Kinder ihre inneren Bilder und Erlebnisse, die während des Hörens aufgestiegen sind, gleich anschließend kreativ ausdrücken zu lassen. Doch wenn wir uns über einen längeren Zeitraum mit einem Märchen beschäftigen, sollten wir uns auch hier nicht unter Zeitdruck setzen. Vielleicht mögen die Kinder ja gar nicht gleich malen oder basteln, sondern wollen einfach nur spielen und rennen. In solch einem Fall werden wir eben später wieder auf das Gehörte zurückkommen. Selbstverständlich erzählen wir den Kindern ein Märchen nicht nur ein einziges Mal. Wahrscheinlich werden sie es nun für einen längeren Zeitraum alle Tage, immer und immer wieder hören wollen. Mit der Zeit werden ihnen die Personen vertraut, können sie sich spielerisch mit verschiedenen Rollen identifizieren, mit Verhaltensweisen, die sie spontan begeistern oder abschrecken, die ihr Mitgefühl oder ihren Zorn erregen, auseinandersetzen. Im Umgang mit

Märchen sollte der Wunsch der Kinder unser Maßstab sein. Nicht »Märchenkonsum« wollen wir fördern, sondern das Verweilen bei einer Thematik, bis unsere Schützlinge »satt« sind. Mir sind Kindergruppen bekannt, die sich – ohne großes Zutun der Erzieherinnen – über Monate phantasievoll mit nur einem Märchen beschäftigt haben.

An dieser Stelle sei auf das Buch von Helga Zitzlsperger »Kinder spielen Märchen« verwiesen. Es enthält eine Fülle detaillierter Anregungen für die Phase des schöpferischen Ausgestaltens und Nacherlebens.

Nur einige Vorschläge seien hier angefügt: Malen, Kneten, Bauen, Herstellung von Collagen, einfache freie und gelenkte Rollenspiele, einfache Pantomimen, Nachahmungen, elementare musikalische Aktionen, einfache Tänze, Anfertigung von Handpuppen mit nachfolgendem Spiel, Basteln von Zubehör u.v.m. Neben dem o.a. Titel gibt es eine Fülle von Büchern, die dazu Anleitungen bieten.

Für Kinder ist es wichtig, daß wir ihnen Vorschläge unterbreiten, sie anregen und auch anleiten zu schöpferischem Tun, jedoch keinen Zwang ausüben. Sinnvolles Märchengestalten soll Freude bereiten, soll frei von ehrgeizigen »Lernzielen« bleiben. Dann kann das Hören, Erleben und Gestalten zu einer von Herzen kommenden Begegnung zwischen Kind, Märchen, Erzieher/Erzieherin und Umwelt werden.

6. Elternarbeit

Hier schließt sich der Kreis: Reiche Erfahrungen konnten den Kindern im Laufe des Jahres vermittelt werden, auf vielfältige Weise wurde ihr Erlebnis- und Erfahrungsschatz größer, wurden nicht nur Sensibilität, Mitmenschlichkeit, sondern auch Selbstwertgefühl, Phantasie, Geschicklichkeit, Sprachschatz und Musikalität gefördert. Und das alles, obwohl unser Thema »nur« Märchen war! Wenn nicht schon zu Beginn des Jahres, so wäre es im weiteren Verlauf sinnvoll und wünschenswert, die Eltern einzuladen und ihnen Einblick in die vielfältige Arbeit im Kindergarten zu gewähren: aufzuzeigen, was alles an Entwicklung und Förderung geschieht, auch und gerade wenn keine nachkontrollierbaren »Arbeitsblätter« oder beeinflußten Vorzeigewerke produziert wurden.

Märchen – damit verbindet sich bei vielen jungen Eltern kaum mehr Positives. Hier aufklärend anzusetzen und auch die Eltern mit einzubeziehen, wäre gewinnbringend für alle Beteiligten. Das Feld der Möglichkeiten ist weit:

– Die Eltern von Stadtkindern könnten gebeten werden, den ohnehin üblichen Ausflug aufs Land zu einem Waldspaziergang zu nutzen, sich mit ihren Kindern z.B. auf Entdeckungsreise zu einem großen Ameisenhaufen zu machen oder Naturmaterialien mitzubringen.

– Natürlich wäre auch ein Elternabend nötig, in dessen Verlauf sich die Erwachsenen über ihre Liebe oder Abneigung dem Märchen gegenüber austauschen können und fundiertes Hintergrundwissen über die Bedeutung dieser symbolhaften alten Geschichten vermittelt bekommen. Die Fortbildungsseminare einiger Träger von Kindergarten- und Tagesstätten-Einrichtungen bieten Möglichkeiten an, sich darauf vorzubereiten.

– An einem solchen Elternabend könnten die Eltern auch selbst das Märchen hören, das ihre Kinder so beschäftigt, könnten Handpuppen basteln und an einem weiteren Abend ein Spiel einüben, das sie dann den Kindern bei Gelegenheit vorführen. Auf diese Weise erfahren Eltern viel von den Schwierigkeiten der Märchenvermittlung, von dem Mut und der Eigenständigkeit, die es verlangt, sich vor anderen frei zu äußern.

Lohn der Mühe, die Elternarbeit immer auch mit sich bringt, ist in der Regel wachsendes Vertrauen in die Kompetenz der Erzieher/innen. Das aber entspannt deren oft schwierige Situation und kommt letztlich wieder den Kindern zugute.

III. Für Herz, Hand und Verstand –
Märchen und Gestaltungsanregungen

1. Zu den ausgewählten Märchen und ihren Symbolen

Bei der Auswahl der im folgenden besprochenen Märchen habe ich
darauf geachtet, vor allem weniger bekannte Texte der Brüder Grimm
sowie einige internationale Märchen zu kommentieren. Ich möchte
damit einem gewissen »Verschleiß« der altbekannten Märchen ent-
gegenwirken und aufzeigen, daß es zahlreiche unbekanntere wunderschöne Märchen gibt, die es ebenfalls wert sind, aus den Büchern
heraus ins Kinderleben geholt zu werden. Überdies erleichtern sie
uns und den Kindern den Zugang, weil sie in der Regel nicht schon
durch Filme und Kassetten ihres Zaubers beraubt sind.

Meine Ausführungen zu in den Texten verwendeten Märchensym-
bolen sind oder wollen in keiner Weise erschöpfend sein. Mir lag
daran, an einzelnen, im Hinblick auf die Arbeit mit Kindern heraus-
gegriffenen Bildern exemplarisch Wichtiges aufzuzeigen.

Wie in Teil II am Beispiel der »Bienenkönigin« dargestellt wurde, so
kann mit allen Märchenbildern umgegangen werden. Im Literatur-
verzeichnis ist auf einige bekannte Symbol-Lexika hingewiesen, die
eine intensivere Beschäftigung ermöglichen.

2. Märchen mit »Meditativer Übung« und Hinweisen zum Symbolverständnis

2.1 Das Eselein

Es lebten einmal ein König und eine Königin, die waren reich und hatten alles, was sie sich wünschten, nur keine Kinder. Darüber klagte die Königin bei Tag und Nacht und sprach: »Ich bin wie ein Acker, auf dem nichts wächst!« Endlich erfüllte Gott ihre Wünsche; als das Kind aber zur Welt kam, sah's nicht aus wie ein Menschenkind, sondern war ein junges Eselein. Wie die Mutter das erblickte, fing ihr Jammer und Geschrei erst recht an, sie hätte lieber gar kein Kind gehabt als einen Esel, und sagte, man sollte ihn ins Wasser werfen, damit ihn die Fische fräßen. Der König aber sprach: »Nein, hat Gott ihn gegeben, soll er auch mein Sohn und Erbe sein, nach meinem Tod auf dem königlichen Thron sitzen und die königliche Krone tragen.« Also ward das Eselein aufgezogen, nahm zu, und die Ohren wuchsen ihm auch fein hoch und gerade hinauf. Es war aber sonst fröhlicher Art, sprang herum, spielte und hatte besondere Freude an der Musik, so daß es zu einem berühmten Spielmann ging und sprach: »Lehre mich deine Kunst, daß ich so gut die Laute schlagen kann als du.« – »Ach, liebes Herrlein«, antwortete der Spielmann, »das sollt Euch schwerfallen, Eure Finger sind allerdings nicht dazu gemacht und viel zu groß; ich sorge, die Saiten halten's nicht aus.« Es half keine Ausrede, das Eselein wollte und mußte die Laute schlagen, war beharrlich und fleißig und lernte es am Ende so gut wie sein Meister selber. Einmal ging das junge Herrlein nachdenklich spazieren und kam an einen Brunnen, da schaute es hinein und sah im spiegelhellen Wasser seine Eselsgestalt. Darüber ward es so betrübt, daß es in die weite Welt ging und nur einen treuen Gesellen mitnahm. Sie zogen auf und ab, zuletzt kamen sie in ein Reich, wo ein alter König herrschte, der nur eine einzige, aber wunderschöne Tochter hatte. Das Eselein sagte: »Hier wollen wir weilen«, klopfte an das Tor und rief, »es ist ein Gast draußen, macht auf, damit er eingehen kann!« Als aber nicht aufgetan wurde, setzte es sich hin, nahm

seine Laute und schlug sie mit seinen zwei Vorderfüßen aufs lieb-
lichste. Da sperrte der Türhüter gewaltig die Augen auf, lief zum
König und sprach: »Da draußen sitzt ein junges Eselein vor dem
Tor, das schlägt die Laute so gut wie ein gelernter Meister.« – »So
laß mir den Musikanten hereinkommen«, sprach der König. Wie
aber das Eselein hereintrat, fing alles an, über den Lautenschläger
zu lachen. Nun sollte das Eselein unten zu den Knechten gesetzt
und gespeist werden, es ward aber unwillig und sprach: »Ich bin
kein gemeines Stalleselein, ich bin ein vornehmes.« Da sagten sie:
»Wenn du das bist, so setze dich zu dem Kriegsvolk.«- »Nein«,
sprach es, »ich will beim König sitzen.« Der König lachte und
sprach in gutem Mut: »Ja, es soll so sein, wie du verlangst, Eselein, komm her zu mir!« Danach fragte er: »Eselein, wie gefällt dir
meine Tochter?« Das Eselein drehte den Kopf nach ihr, schaute sie
an, nickte und sprach: »Über alle Maßen, sie ist so schön, wie ich
noch keine gesehen habe.« – »Nun, so sollst du auch neben ihr
sitzen«, sagte der König. »Das ist mir eben recht«, sprach das Eselein und setzte sich an ihre Seite, aß und trank und wußte sich fein
säuberlich zu betragen. Als das edle Tierlein eine gute Zeit an des
Königs Hof geblieben war, dachte es: »Was hilft das alles, du mußt
wieder heim«, ließ den Kopf traurig hängen, trat vor den König
und verlangte seinen Abschied. Der König hatte es aber liebge-
wonnen und sprach: »Eselein, was ist dir? Du schaust ja sauer wie
ein Essigkrug; bleib bei mir, ich will dir geben, was du verlangst.
Willst du Gold?« – »Nein«, sagte das Eselein und schüttelte mit
dem Kopf. »Willst du Kostbarkeiten und Schmuck?« – »Nein.« –
»Willst du mein halbes Reich?« – »Ach nein.« Da sprach der König: »Wenn ich nur wüßte, was dich vergnügt machen könnte. Willst
du meine schöne Tochter zur Frau?« – »Ach ja«, sagte das Eselein,
»die möchte ich wohl haben«, war auf einmal ganz lustig und gu-
ter Dinge, denn das war's gerade, was es sich gewünscht hatte.
Also ward eine große und prächtige Hochzeit gehalten. Abends,
wie Braut und Bräutigam in ihr Schlafkämmerlein geführt wurden, wollte der König wissen, ob sich das Eselein auch fein artig
und manierlich betrüge, und hieß einen Diener sich dort verstek-
ken. Wie sie nun beide drinnen waren, schob der Bräutigam den
Riegel vor die Türe, blickte sich um, und wie er glaubte, daß sie

ganz allein wären, warf er auf einmal seine Eselshaut ab und stand da als ein schöner königlicher Jüngling. »Nun siehst du«, sprach er, »wer ich bin, und siehst auch, daß ich deiner nicht unwert war.« Da war die Braut froh, küßte ihn und hatte ihn von Herzen lieb. Als aber der Morgen herankam, sprang er auf, zog seine Tierhaut wieder über, und kein Mensch hätte gedacht, was für einer dahintersteckte. Bald kam auch der alte König. »Ei«, rief er, »ist das Eselein schon munter! Du bist wohl recht traurig«, sagte er zu seiner Tochter, »daß du keinen ordentlichen Menschen zum Mann bekommen hast?« – »Ach nein, lieber Vater, ich habe ihn so lieb, als wenn er der allerschönste wäre, und will ihn mein Lebtag behalten.« Der König wunderte sich, aber der Diener, der sich versteckt hatte, kam und offenbarte ihm alles. Der König sprach: »Das ist nimmermehr wahr.« – »So wacht selber die folgende Nacht, Ihr werdet's mit eigenen Augen sehen, und wißt Ihr was, Herr König, nehmt ihm die Haut weg und werft sie ins Feuer, so muß er sich wohl in seiner rechten Gestalt zeigen.« – »Dein Rat ist gut«, sprach der König, und abends, als sie schliefen, schlich er sich hinein, und wie er zum Bett kam, sah er im Mondschein einen stolzen Jüngling ruhen, und die Haut lag abgestreift auf der Erde. Da nahm er sie weg und ließ draußen ein gewaltiges Feuer anzünden und die Haut hineinwerfen und blieb selber dabei, bis sie ganz zu Asche verbrannt war. Weil er aber sehen wollte, wie sich der Beraubte anstellen würde, blieb er die Nacht über wach und lauschte. Als der Jüngling ausgeschlafen hatte, beim ersten Morgenschein, stand er auf und wollte die Eselshaut anziehen, aber sie war nicht zu finden. Da erschrak er und sprach voll Trauer und Angst: »Nun muß ich sehen, daß ich entfliehe.« Wie er hinaustrat, stand aber der König da und sprach: »Mein Sohn, wohin so eilig, was hast du im Sinn? Bleib hier, du bist ein so schöner Mann, du sollst nicht wieder von mir. Ich gebe dir jetzt mein Reich halb, und nach meinem Tode bekommst du es ganz.« – »So wünsch ich, daß der gute Anfang auch ein gutes Ende nehme«, sprach der Jüngling, »ich bleibe bei Euch.« Da gab ihm der Alte das halbe Reich, und als er nach einem halben Jahre starb, hatte er das ganze und nach dem Tode seines Vaters noch eins dazu und lebte in aller Herrlichkeit.

Brüder Grimm

Meditative Übung zum Märchen »Das Eselein«

Ausgewähltes Symbol: Brunnen

Gestaltete Mitte:
blaue Tücher, zu einem locker geschlossenen Rund gelegt
(in einem Korb bereitgelegte Steine)

Die Kinder kriechen der Reihe nach durch den *goldenen Reifen* ins
Märchenland und setzen sich danach still auf ihre Plätze.

Vor dem Erzählen:
»Wir schließen unsere Augen und träumen vom Wasser. Ich sehe es
vor mir ... Kann ich es fühlen? ... oder hören? ...«

- »Wir öffnen die Augen und erzählen uns, was wir gesehen haben
  der Reihe nach, ein Kind nach dem anderen.«
- Wir spielen das Wasser, das wir gesehen haben, mit unseren *Hän-*
  den, benennen unser gezeigtes Bild noch einmal kurz. Der anlei-
  tende Erwachsene macht den Anfang und zeigt den Kindern ohne
  viele Worte, was gemeint ist.
- Beispiele:
  - das sprudelnde Wasser einer Quelle
  - das lustige Bächlein
  - die kleinen Wellen auf dem See
  - der stille Teich
  - der reißende Fluß
  - die großen Meereswogen
- Die Bewegung, die ein Kind vormacht, wird von allen anderen
  nachgeahmt, so daß das Wasser »sichtbar« von einem zum anderen fließt.
- Wir bauen gemeinsam einen Brunnen. Der Erwachsene macht wie-
  derum den Anfang: »Mein Wasser darf nun in einen Brunnen flie-
  ßen!« Er geht zur Mitte, gibt »Wasser« hinein und legt den ersten
  Stein an das blaue Rund der Tücher. Ein Kind nach dem anderen
  folgt seinem Beispiel. Schließlich bleiben alle um den Brunnen
  herum stehen.

– Wir »sind« Brunnen, stellen uns ganz nah aneinander, fassen uns an den Händen, halten ganz fest zusammen, damit das kostbare Wasser nicht versickern kann, schauen in den Brunnen hinein – und setzen uns still auf unsere Plätze. Es kann auch eine Schüssel mit Wasser in die Mitte gestellt werden, dann sehen wir tatsächlich unser Spiegelbild.

Hinweise zum Symbolverständnis

Im *Brunnen* begegnen wir einem wichtigen Symbol, das in vielen bekannten Märchen und auch in biblischen Geschichten eine Rolle spielt. Wir denken an Frau Holle, an die Sieben Raben, aber auch an die Begegnung Jesu mit der Samariterin am Jakobsbrunnen. In allen Kulturen der Welt ranken sich Brauchtum, Glauben und Aberglauben um den Brunnen. Wir können uns heute die Bedeutsamkeit eines Brunnens für eine dörfliche Gemeinschaft in früheren Epochen kaum mehr vergegenwärtigen. Nie wurde das lebenspendende Quellwasser nur als profaner Durstlöscher gesehen. Der Glaube an die heilende Kraft des aus der Erde sprudelndem Wasser wurzelt in antiken und sogar vorgeschichtlichen Quellenkulten. Das Christentum griff solche Traditionen gern auf, und es entstanden Wallfahrtsorte um solche mit Wunderlegenden in Zusammenhang gebrachte Wasserstellen. Oft wurden sie mit der Heilung von Augenleiden in Verbindung gebracht. Was uns heute die Psychoanalyse verdeutlicht, war den »Alten« (und ist auch unseren Kindern) unbewußt klar: hier die Verbindung von Wasserspiegel und dem Auge als Spiegel der Seele. In vielen Kulturen waren Brunnenschächte heilige Stätten, die mit Opfern bedacht wurden. Sagen berichten von »Jungbrunnen«, die alten Menschen zu neuer Jugend verhelfen sollten. Allzugern glauben auch »aufgeklärte«, moderne Erwachsene an diese altverwurzelten Bilder: wie käme es sonst zu den Ansammlungen von Münzen in so manchen Stadtbrunnen?

Doch kehren wir zurück zum Brunnen-Bild in unserem Märchen:

– Der Brunnen faßt das Wasser zusammen, hält es, damit es nicht versickert und zerfließt;

- er faßt die Quelle, macht sie nutzbar für den Menschen;
- der volle Brunnen verströmt sein Wasser, tränkt Menschen, Tiere und Pflanzen;
- es ist lebensbedrohlich, wenn die Quelle versiegt und der Brunnen vertrocknet.

Im Brunnen schauen wir ein Bild für uns selbst. Wir tragen unseren Quellgrund, unsere Lebensquelle in uns. Schauen wir in diesen Brunnen, so entdecken wir uns selbst, wir erblicken unser Spiegelbild, unsere Licht- und Schattenseiten. Wir schauen unsere verschiedenen Schichten oder Seelenanteile, wie die Tiefenpsychologie sagt. Wir schauen und erhorchen, was und wer wir sind.

Das »Eselein« in unserem Märchen hat diesen Blick gewagt – und ist zunächst einmal erschrocken. Aber dieses »Sich-selbst-Wahrnehmen« ist Anstoß für den Entwicklungsweg des Prinzen, der in ihm steckt. Daß der glatte Spiegel eines Wassers nicht alles ist, zeigt sein weiterer Weg: kraftvoll und lebendig geht er ihn, findet am Ende zu seinem eigentlichen Bild.

Das ist es auch, was dieses Märchen unseren Kindern vermittelt und was durch die vorhergehende Übung des »In-sich-Hineinschauens« im Unbewußten vertieft wird: »Auch ich habe Schattenseiten, bin nicht perfekt – aber sogar wenn mich alle für dumm (für einen Esel) halten: Ich bin stark und ich kann mein Leben meistern«.

2.2 Fundevogel

Es war einmal ein Förster, der ging in den Wald auf die Jagd, und wie er in den Wald kam, hörte er schreien, als ob's ein kleines Kind wäre. Er ging dem Schreien nach und kam endlich zu einem hohen Baum, und oben darauf saß ein kleines Kind. Es war aber die Mutter mit dem Kinde unter dem Baum eingeschlafen, und ein Raubvogel hatte das Kind in ihrem Schoße gesehen; da war er hinzugeflogen, hatte es mit seinem Schnabel weggenommen und auf den hohen Baum gesetzt.

Der Förster stieg hinauf, holte das Kind herunter und dachte: Du willst das Kind mit nach Haus nehmen und mit deinem Lenchen zusammen aufziehen. Er brachte es also heim, und die zwei Kinder wuchsen miteinander auf. Das aber, das auf dem Baum gefunden worden war, und weil es ein Vogel weggetragen hatte, wurde »Fundevogel« geheißen. Fundevogel und Lenchen hatten sich so lieb, nein so lieb, daß, wenn eins das andere nicht sah, ward es traurig.

Der Förster hatte aber eine alte Köchin, die nahm eines Abends zwei Eimer und fing an, Wasser zu schleppen, und ging nicht einmal, sondern vielemal hinaus an den Brunnen. Lenchen sah es und sprach: »Hör einmal, alte Sanne, was trägst du denn so viel Wasser zu?« – »Wenn du's keinem Menschen wieder sagen willst, so will ich dir's wohl sagen.« Da sagte Lenchen nein, sie wollte es keinem Menschen wieder sagen, so sprach die Köchin: »Morgen früh, wenn der Förster auf die Jagd ist, da koche ich das Wasser, und wenn's im Kessel siedet, werfe ich den Fundevogel hinein und will ihn darin kochen.«

Des andern Morgens in der Frühe stand der Förster auf und ging auf die Jagd, und als er weg war, lagen die Kinder noch im Bett. Da sprach Lenchen zum Fundevogel: »Verläßt du mich nicht, so verlaß ich dich auch nicht«, so sprach der Fundevogel: »Nun und nimmermehr.« Da sprach Lenchen: »Ich will es dir nur sagen, die alte Sanne schleppte gestern abend so viel Eimer Wasser ins Haus; da fragte ich sie, warum sie das täte, so sagte sie, wenn ichs keinem Menschen sagen wollte, so wollte sie es mir wohl sagen, da sagte sie, morgen früh, wenn der Vater auf die Jagd wäre, wollte sie den Kessel voll Wasser sieden, dich hineinwerfen und kochen. Wir wollen aber geschwind aufstehen, uns anziehen und zusammen fortgehen.«

Also standen die beiden Kinder auf, zogen sich geschwind an und gingen fort. Wie nun das Wasser im Kessel kochte, ging die Köchin in die Schlafkammer, wollte den Fundevogel holen und ihn hineinwerfen. Aber als sie hineinkam und zu den Betten trat, waren die Kinder alle beide fort – da wurde ihr grausam angst, und sie sprach zu sich: »Was will ich nun sagen, wenn der Förster heimkommt und sieht, daß die Kinder weg sind? Geschwind hintennach, daß wir sie wiederkriegen.«

Da schickte die Köchin drei Knechte nach, die sollten laufen und die Kinder einfangen. Die Kinder aber saßen vor dem Wald, und als sie die drei Knechte von weitem laufen sahen, sprach Lenchen zum Fundevogel: »Verläßt du mich nicht, so verlaß ich dich auch nicht«, so sprach Fundevogel: »Nun und nimmermehr.« Da sagte Lenchen: »Werde du zum Rosenstöckchen und ich zum Röschen darauf.« Wie nun die drei Knechte vor den Wald kamen, so war nichts da als ein Rosenstrauch und ein Röschen obendrauf, die Kinder aber nirgends. Da sprachen sie: »Hier ist nichts zu machen«, und gingen heim und sagten der Köchin, sie hätten nichts in der Welt gesehen als nur ein Rosenstöckchen und ein Röschen obendrauf. Da schalt die alte Köchin: »Ihr Einfaltspinsel, ihr hättet das Rosenstöckchen sollen entzweischneiden und das Röschen abbrechen und mit nach Haus bringen, geschwind und tut's.« Sie mußten also zum zweitenmal hinaus und suchen. Die Kinder sahen sie aber von weitem kommen, da sprach Lenchen: »Fundevogel, verläßt du mich nicht, so verlaß ich dich auch nicht.« Fundevogel sagte: »Nun und nimmermehr.« Sprach Lenchen: »So werde du eine Kirche und ich die Krone darin.« Wie nun die drei Knechte dahin kamen, war nichts da als eine Kirche und eine Krone darin. Sie sprachen also zueinander: »Was sollen wir hier machen, laßt uns nach Hause gehen.« Wie sie nach Haus kamen, fragte die Köchin, ob sie nichts gefunden hätten; so sagten sie nein, sie hätten nichts gefunden als eine Kirche, da wäre eine Krone darin gewesen. »Ihr Narren«, schalt die Köchin, »warum habt ihr nicht die

Kirche zerbrochen und die Krone mit heimgebracht?« Nun machte sich die alte Köchin selbst auf die Beine und ging mit den drei
Knechten den Kindern nach. Die Kinder sahen aber die drei Knechte
von weitem kommen, und die Köchin wackelte hintennach. Da
sprach Lenchen: »Fundevogel, verläßt du mich nicht, so verlaß ich
dich auch nicht.« Da sprach der Fundevogel: »Nun und nimmermehr.« Sprach Lenchen: »Werde zum Teich und ich die Ente darauf.« Die Köchin kam aber herzu, und als sie den Teich sah, legte
sie sich darüber hin und wollte ihn aussaufen. Aber die Ente kam
schnell geschwommen, faßte sie mit ihrem Schnabel beim Kopf
und zog sie ins Wasser hinein – da mußte die alte Hexe ertrinken.
Da gingen die Kinder zusammen nach Haus und waren herzlich
froh; und wenn sie nicht gestorben sind, leben sie noch.

Brüder Grimm

Meditative Übung zum Märchen »Fundevogel«

Ausgewähltes Symbol: Baum

Gestaltete Mitte:
Zweige, Wurzeln, Blätter, auf ein braunes Tuch gelegt
(wenn möglich von einem gemeinsamen Waldspaziergang mitgebracht)

Vor dem Erzählen:
Die Kinder stellen sich um die Mitte herum im Kreis auf. »Erinnert ihr euch noch an unseren schönen Spaziergang durch den Wald?
In Gedanken wollen wir noch einmal dort hingehen. Mir hat es
besonders gefallen, wie weich sich das Moos unter meinen Füßen
anfühlte. So bin ich darübergegangen, macht es mir doch einmal
alle nach!«
Dann dürfen alle Kinder einzeln ihre Erinnerungen aussprechen
und die entsprechende Bewegung vormachen, die die anderen Kinder imitieren: »Ich bin über einen großen Wurzelstock geklettert«
– »Ich bin über einen Bach gesprungen« – »Ich habe mich nach
einem Käfer gebückt« – »Ich bin auf dem Rückweg mit Peter um
die Wette gelaufen«. Die Bewegungen werden nicht stehend am

Platz ausgeführt, sondern die Kinder gehen jeweils ein Stückchen weiter im Kreis herum.

Wenn die Erzieherin mit den Kindern auf diese Weise wieder an den ursprünglichen Plätzen angelangt ist, sagt sie: »Viele verschiedene Bäume haben wir im Wald gesehen, haben sie genau angeschaut und mit unseren Händen befühlt. Nun wollen wir uns selbst in einen Baum verwandeln. Ganz klein ist er am Anfang aus seinem Samenkorn herausgewachsen (geht mit den Kindern tief in die Hocke) – langsam, ganz langsam ist er dann größer geworden (alle richten sich ganz allmählich auf) – seine Zweiglein und Blätter strecken sich der warmen Sonne entgegen (mit unseren Armen und Händen nehmen wir diese Bewegung auf) – sie spielen mit dem Wind, der ganz leise säuselt – sie bewegen sich ganz stark im Sturm – und werden wieder ruhig – fest steht unser Baum auf seinem Stamm – ganz tief senken sich seine Wurzeln in die gute Erde (laßt eure Zehen zu Wurzeln werden!). Spürt ihr die Kraft, die aufsteigt: durch die Wurzeln, durch den Stamm bis hinauf zur Krone? Ganz fest steht mein Baum – so schnell kann ihn nichts umwehen! Er steht auch nicht allein – viele andere Bäume stehen nah bei ihm – alle schützen sich gegenseitig – streckt einmal eure Zweige zu den Nachbarbäumen und berührt sie ganz sacht – und nun verwandeln wir uns wieder in Menschen: wir nehmen uns fest bei den Händen, senken unsere Arme und schütteln uns locker durch und atmen ein paarmal ganz tief und laut, wie es eben nur Menschen können!

Wer mag, darf jetzt durch den *goldenen Reifen* kriechen und mit mir ins Märchenland kommen!«

Hinweise zum Symbolverständnis

Der *Baum* ist ein archetypisches Urbild, das uns bei allen Völkern in unendlich vielen Ausformungen begegnet, in allen Religionen mit Leben und Glauben gefüllt auftaucht:

– Im Alten Testament (Gen 2,9) heißt es: »Nachdem Gott den Garten in Eden gepflanzt hatte, ließ er »aus dem Erdboden allerlei Bäume aufwachsen, lieblich zum Anschauen und gut zur Nah-

56

rung, den Lebensbaum aber mitten im Garten und auch den Baum der Erkenntnis von Gut und Böse«.

- Im Neuen Testament sind fruchtbare und unfruchtbare Bäume ein gleichnishaftes Bild für gute und böse Menschen. »Jeder Baum, der nicht gute Frucht bringt, wird herausgehauen und ins Feuer geworfen.« (Mt 3,10)

- Naturvölker vernahmen die Stimme ihres Gott-Geistes in den Baumkronen. Künftige Schamanen, d.h. spirituelle Führer und Priester eines Stammes, verbrachten lange Zeit auf hohen Bäumen – dem Ort der Vermittlung zwischen irdischen und himmlischen Kräften.

- Die alten Nordländer verehrten den Weltenbaum, der den Kosmos zusammenhält; die Kelten glaubten, daß die Bäume den Himmel tragen. Ihre größte Sorge war, daß der Himmel auf die Erde fallen könnte! Dem Baum vertrauten sie ihre Sorgen an, erhofften von ihm neue Kraft und Glück. Bei verschiedenen keltischen Stämmen (und dieser Brauch hat sich bis in unsere Zeit erhalten) wuchs für jedes Kind ein spezieller Baum, der sein Begleiter durchs Leben wurde.

- Die Christen haben den alten Baummythos im Herzen bewahrt, verarbeitet, in die eigene Kultur getragen. Sie sahen schon früh in der Baumgestalt das Christuskreuz als Siegeszeichen, als Holz des Lebens.

- Der Islam kennt den Baum des Glücks, und Buddha hatte seine Erleuchtung unter einem Baum; im gesamten Orient werden noch heute Lebensbäume in kostbare Teppiche gestickt: sie wollen ausdrücken, wie die Seelen Verstorbener auf mythische Weise durch die Baumkrone ins Paradies aufsteigen.

Nicht nur die Psychoanalyse, sondern auch Dichter, Maler, Musiker griffen das Bild des Baumes als Bild für den Menschen, das menschliche Leben auf. Kinderzeichnungen von Bäumen sagen viel aus über die momentane Situation des kleinen Menschen: über sein »Verwurzeltsein«, seine Kräfte und persönlichen Anlagen.
Die Kinder lieben es, auf Bäume zu klettern, sich Baum-Hütten zu bauen – und erleben dabei – wie auch beim ungestörten Hören eines Märchens mit diesem Thema: hier wird mir Schutz und Dach

gewährt, ich werde gewiegt, geschaukelt, habe von dort aus Überblick. Sie gewinnen an Mut, Geschicklichkeit und Eigenständigkeit. Damit sind sie intuitiv einem der ältesten Mutter- und Vaterbilder der Menschheit ganz nahe, können aus dieser kraftvollen Quelle »trinken«.

2.3 Die drei Federn

Es war einmal ein König, der hatte drei Söhne, davon waren zwei klug und gescheit, aber der dritte sprach nicht viel, war einfältig und hieß nur der Dummling. Als der König alt und schwach ward und an sein Ende dachte, wußte er nicht, welcher von seinen Söhnen nach ihm das Reich erben sollte. Da sprach er zu ihnen: »Zieht aus, und wer mir den feinsten Teppich bringt, der soll nach meinem Tod König sein.« Und damit es keinen Streit unter ihnen gab, führte er sie vor sein Schloß, blies drei Federn in die Luft und sprach: »Wie die fliegen, so sollt ihr ziehen.« Die eine Feder flog nach Osten, die andere nach Westen, die dritte aber flog geradeaus und flog nicht weit, sondern bald zur Erde. Nun ging der eine Bruder rechts, der andere links, und sie lachten den Dummling aus, der bei der dritten Feder, da wo sie niedergefallen war, bleiben mußte.

Der Dummling setzte sich nieder und war traurig. Da bemerkte er auf einmal, daß neben der Feder eine Falltüre lag. Er hob sie in die Höhe, fand eine Treppe und stieg hinab. Da kam er vor eine andere Türe, klopfte an und hörte, wie es inwendig rief:

> »Jungfer grün und klein,
> Hutzelbein,
> Hutzelbeins Hündchen,
> Hutzel hin und her,
> Laß geschwind sehen, wer draußen wär!«

Die Türe tat sich auf, und er sah eine große, dicke Itsche (Kröte) sitzen und rings um sie eine Menge kleine Itschen. Die dicke Itsche fragte, was sein Begehren wäre. Er antwortete: »Ich hätte gerne den schönsten und feinsten Teppich.« Da rief sie eine junge und sprach:

> »Jungfer grün und klein,
> Hutzelbein,
> Hutzelbeins Hündchen,
> Hutzel hin und her,
> Bring mir die große Schachtel her!«

Die junge Itsche holte die Schachtel, und die dicke Itsche machte sie auf und gab dem Dummling einen Teppich daraus, so schön und so fein, wie oben auf der Erde keiner konnte gewebt werden. Da dankte er ihr und stieg wieder hinauf. Die beiden andern hatten aber ihren jüngsten Bruder für so albern gehalten, daß sie glaubten, er würde gar nichts finden und aufbringen. »Was sollen wir uns mit Suchen groß Mühe geben«, sprachen sie, nahmen dem ersten besten Schäfersweib, das ihnen begegnete, die groben Tücher vom Leib und trugen sie dem König heim. Zu derselben Zeit kam auch der Dummling zurück und brachte seinen schönen Teppich, und als der König den sah, erstaunte er und sprach: »Wenn es dem Recht nach gehen soll, so gehört dem jüngsten das Königreich.« Aber die zwei andern ließen dem Vater keine Ruhe und sprachen: »Unmöglich könnte der Dummling, dem es in allen Dingen an Verstand fehlte, König werden«, und baten ihn, er möchte eine neue Bedingung machen. Da sagte der Vater: »Der soll das Reich erben, der mir den schönsten Ring bringt«, führte die drei Brüder hinaus und blies drei Federn in die Luft, denen sie nachgehen sollten. Die zwei ältesten zogen wieder nach Osten und Westen, und für den Dummling flog die Feder geradeaus und fiel neben der Erdtüre nieder. Da stieg er wieder hinab zu der dicken Itsche und sagte ihr, daß er den schönsten Ring brauchte. Sie ließ sich gleich ihre große Schachtel holen und gab ihm daraus einen Ring, der glänzte von Edelsteinen und war so schön, daß ihn kein Goldschmied auf der Erde hätte machen können. Die zwei ältesten lachten über den Dummling, der einen goldenen Ring suchen wollte, gaben sich gar keine Mühe, sondern schlugen einem alten Wagenring die Nägel aus und brachten ihn dem König. Als aber der Dummling seinen goldenen Ring vorzeigte, so sprach der Vater abermals: »Ihm gehört das Reich.« Die zwei ältesten ließen nicht ab, den König zu quälen, bis er noch eine dritte Bedingung machte und den Ausspruch tat, der sollte das Reich haben, der die schönste Frau heimbrächte. Die drei Federn blies er nochmals in die Luft, und sie flogen wie die vorigen Male.

Da ging der Dummling ohne weiteres hinab zu der dicken Itsche und sprach: »Ich soll die schönste Frau heimbringen.« – »Ei«, antwortete die Itsche, »die schönste Frau! Die ist nicht gleich zur Hand, aber du sollst sie doch haben!« Sie gab ihm eine ausgehöhlte gelbe Rübe mit sechs Mäuschen bespannt. Da sprach der Dummling ganz traurig: »Was soll ich damit anfangen?« Die Itsche antwortete: »Setze nur eine von meinen kleinen Itschen hinein.« Da griff er aufs Geradewohl eine aus dem Kreis und setzte sie in die gelbe Kutsche. Kaum aber saß sie darin, so ward sie zu einem wunderbaren Fräulein, die Rübe zur Kutsche und die sechs Mäuschen zu Pferden. Da küßte er sie, jagte mit den Pferden davon und brachte sie zu dem König. Seine Brüder kamen nach. Die hatten sich gar keine Mühe gegeben, eine schöne Frau zu suchen, sondern die ersten besten Bauernweiber mitgenommen. Als der König sie erblickte, sprach er: »Dem jüngsten gehört das Reich nach meinem Tod!« Aber die zwei ältesten betäubten die Ohren des Königs aufs neue mit ihrem Geschrei: »Wir könnens nicht zugeben, daß der Dummling König wird!« Sie verlangten, der sollte den Vorzug haben, dessen Frau durch einen Ring springen könnte, der da mitten in dem Saale hing. Sie dachten: »Die Bauernweiber können das wohl, die sind stark genug, aber das zarte Fräulein springt sich tot.« Der alte König gab das auch noch zu. Da sprangen die zwei Bauernweiber, sprangen auch durch den Ring, waren aber so plump, daß sie fielen und ihre groben Arme und Beine entzweibrachen. Da sprang das schöne Fräulein, das der Dummling mitgebracht hatte, und sprang so leicht hindurch wie ein Reh, und aller Widerspruch mußte aufhören. Also erhielt er die Krone und hat lange in Weisheit geherrscht.

Brüder Grimm

Meditative Übung zum Märchen »Die drei Federn«

Ausgewähltes Symbol: Feder

Gestaltete Mitte:
ein erdfarbenes oder dunkelgrünes Tuch, je nach Jahreszeit Blumen oder eine Kerze als Mittelpunkt

Vorbereitetes Material:
ausreichend viele kleinere Federn in einem Stoffsäckchen

Vor dem Erzählen:
Die Kinder kriechen durch den *goldenen Reifen* (der anschließend auf das »Mitte-Tuch« gelegt wird) ins Märchenland und setzen sich danach still auf ihre Plätze.
Die Erzieherin geht mit einem Säckchen von Kind zu Kind. Jedes darf hineingreifen und sich eine Feder aus dem Säckchen nehmen, sie in der Hand verborgen halten als Geheimnis und dabei nicht sprechen! (Bei kleineren Kindern ist es ratsam, mit in das Säckchen zu greifen: sie können manchmal noch nicht *eine* Feder absondern.)
Wenn jedes Kind sein Federchen in der Hand verborgen hält, schließen wir die Augen: »Du hast etwas aus meinem Säckchen bekommen – spür doch einmal, wie es sich in deiner Hand anfühlt! – Streichle deine Handfläche damit – auch den Handrücken – alle deine Finger! – Streichle auch deinen Hals, dein Gesicht damit – woran erinnert es dich?«
Wir öffnen die Augen wieder, schauen unsere Feder genau an und erzählen der Reihe nach, woran wir erinnert wurden.
Danach blasen alle Kinder ihre Federchen auf die Mitte zu, wo sie niederfallen und liegenbleiben.

Hinweise zum Symbolverständnis

Das Symbol der *Feder* hat mit den Vögeln zu tun, von denen sie stammen. Die Leichtigkeit ist es, mit der sich Vögel in die Luft erheben, die die Menschen seit altersher fasziniert. In zahlreichen Sagen wird erzählt, daß Federkleider Flugfähigkeit verleihen!
Federn können fliegen, sich von der Erde ablösen, sich im Windhauch bewegen. Wie die Vögel versinnbildlichen sie Geistiges – wir sprechen auch vom Gedanken-Flug.
In unserem Märchen haben die Federn mit dem Schicksal der Königssöhne zu tun: mit ihren Gedanken und Hintergedanken, mit ihren Wünschen und daraus folgenden Taten.
Die in die Luft geblasenen Federn lassen die Kinder erahnen: Schicksal fällt uns zu. Im Zusammenhang mit unserem Märchen erfahren sie darüber hinaus die Ermutigung: Es gibt kein Schicksal, das »hoffnungslos« ist. Wer seine Möglichkeiten annimmt, sich ein gutes Herz

bewahrt, der wird am Ende »König« werden. Das heißt, er wird einer werden, der das Leben auf geistige Art meistert, der sich nicht von den Schwierigkeiten und Versuchungen des Lebens überwältigen läßt.

2.4 Gänse – Schwäne

Es lebten einmal ein Mann und eine Frau; sie hatten eine Tochter und ein kleines Söhnchen. »Gib acht, Töchterchen«, sagte die Mutter. »Wir gehen zur Arbeit. Wir werden dir ein Weißbrot bringen, ein Kleidchen nähen, ein Tüchlein kaufen; sei klug, gib acht auf dein Brüderchen und geh nicht aus dem Hof heraus.« Die Eltern gingen fort, und die Tochter vergaß, was ihr die Mutter befohlen hatte; sie setzte ihr Brüderchen ins Gras unter das Fenster, lief auf die Straße hinaus, fing an zu spielen und vergaß alles über dem Spiel. Gänse-Schwäne flogen vorbei, holten sich das Kind und trugen es auf ihren Flügeln davon.

Das Mädchen kam zurück und sah, daß ihr Bruder nicht mehr da war. Sie schlug die Hände über dem Kopf zusammen, sie suchte hier, sie suchte dort – er war nicht mehr da! Sie rief, sie schluchzte, sie klagte, daß Vater und Mutter sie hart strafen würden – der Bruder gab keine Antwort!

Sie lief ins freie Feld hinaus; da sah sie in der Ferne einen Zug Gänse fliegen und hinter dem dunklen Wald verschwinden. Die Gänse-Schwäne stehen seit langem in schlechtem Ruf, haben schon mancherlei Schaden getan und kleine Kinder gestohlen. Das Mädchen erriet, daß sie auch ihren Bruder geholt hatten, und lief ihnen nach, so schnell sie ihre Füße trugen. Sie lief und lief, da kam sie an einem Ofen vorbei. »Ofen, Ofen, sag mir doch, wohin sind die Gänse geflogen?« – »Iß von meinen Roggenpiroggen, dann werde ich es dir sagen.« – »Ach, in meines Vaters Haus schmecken mir auch die Weizenpiroggen nicht!« Da sagte ihr der Ofen nichts. Das Mädchen lief weiter. Da kam sie zu einem Apfelbaum. »Apfelbaum, Apfelbaum, sag mir doch, wohin sind die Gänse geflogen?« – »Iß von meinen Waldäpfeln, dann werde ich es dir sagen.« – »Ach, in meines Vaters Haus schmecken mir auch die Gartenäpfel nicht!« Sie lief weiter und kam an einen Fluß aus Milch, der floß zwischen Ufern aus Kiselj (Hirse). »Fluß aus Milch, Ufer aus Kiselj, wohin sind die Gänse geflogen?« – »Iß von meinem einfachen Kiselj und von meiner Milch. Dann werde ich es dir sagen.« – »Ach, in meines Vaters Haus schmeckt mir der Kiselj auch mit Rahm nicht!«

Sie wäre noch lange über die Felder gelaufen und durch den Wald gestreift, wenn sie nicht zum Glück auf einen Igel gestoßen wäre; sie wollte ihn schon zur Seite rollen, fürchtete sich aber vor seinen Stacheln und fragte: »Igel, Igel, hast du nicht gesehen, wohin die Gänse geflogen sind?« – »Dorthin!« zeigte der Igel. Sie lief dorthin und kam zu einem Häuschen auf Hühnerbeinen, das drehte sich immer im Kreise. In dem Häuschen saß die Baba Jaga Irdenes Bein; auch der kleine Bruder saß dort auf einem Bänkchen und spielte mit goldenen Äpfeln. Das Mädchen sah ihn, schlich sich heimlich heran, nahm ihn auf den Arm und lief weg; die Gänse folgten ihr nach. »Wenn die bösen näher kommen – wohin soll ich mich wenden?« Der Fluß aus Milch floß vorbei zwischen Ufern aus Kiselj. »Väterchen Fluß, versteck mich!« – »Iß von meinem Kiselj!« Was konnte das Mädchen tun? Sie aß von dem Kiselj, der Fluß versteckte sie unter der Uferböschung, die Gänse flogen vorüber. Sie kam wieder hervor: »Sei bedankt!« und lief mit dem kleinen Bruder auf dem Arm weiter; die Gänse aber waren umgekehrt und flogen ihr entgegen. Was war zu tun? Es stand schlimm um sie! Der Apfelbaum stand vor ihr: »Apfelbaum, Väterchen Apfelbaum, versteck mich!« – »Iß von meinen Waldäpfeln!« Schnell aß sie einen Apfel. Der Apfelbaum schirmte sie mit den Zweigen und deckte sie mit dem Laub zu. Die Gänse flogen vorüber. Sie trat unter dem Baum hervor und lief mit dem Brüderchen weiter, aber die Gänse hatten sie entdeckt und verfolgten sie; schon flogen sie über ihrem Kopf, schlugen sie mit den Flügeln, jeden Augenblick konnten sie ihr das Kind aus den Armen reißen! Da stand zu ihrem Glück der Ofen an ihrem Weg. »Gnädigster Ofen, versteck mich!« – »Iß von meinen Roggenpiroggen!« Das Mädchen steckte schnell eine Pirogge in den Mund, schlüpfte in den Ofen und kauerte sich in seinem Schlund zusammen. Die Gänse flogen um den Ofen herum, sie schrien und schrien, mußten aber unverrichteter Dinge weiterziehen. Das Mädchen aber kam wohlbehalten nach Hause, gerade zur rechten Zeit, denn gleich darauf kehrten auch Vater und Mutter zurück.

Aus Rußland

Meditative Übung zum Märchen »Gänse-Schwäne«

Ausgewähltes Symbol: Brot

Gestaltete Mitte:
ein grünes Tuch, um das ein »milchfarbenes« gewunden wird; später
können noch Getreidekörner und Brot dazugelegt werden

Vorbereitetes Material:
die im Märchen vorkommenden Getreidearten: Roggen, Weizen, Hirse (Kiselj) in kleinen Schälchen, Stücke von hellem Weizen- und
dunklem Roggenbrot

Vor dem Erzählen:
Die Kinder kriechen durch den *goldenen Reifen* ins Märchenland,
setzen sich danach still auf ihre Plätze.
Die Erzieherin geht mit den Getreidekörnern von Kind zu Kind, alle
dürfen in die Schalen greifen, das Getreide durch die Finger rieseln
lassen, sich ein Korn herausnehmen und es genau betrachten: seine
Farbe und Form, seine Winzigkeit und Härte. Nach dieser Betrach-
tung werden die Kinder gerne erzählen, was ihnen das Körnchen
sagen will: daß es aus einer großen Ähre kommt, in der es mit seinen
Geschwistern gewohnt hat – daß es für Mensch und Tier Nahrung
sein will – daß es gemahlen zu Mehl wird und schließlich zu Kuchen
und Brot gebacken wird, usw.
Wenn nicht schon vorher im Jahresablauf das Märchen vorbereitet
wurde, dann sollten bei diesem Märchen vor dem Erzählen einige
wesentliche Begriffe geklärt werden. Das Märchen kommt aus Rußland, und Hirse wird dort Kiselj genannt. Die Bäcker dort backen
auch nicht die uns bekannten Hörnchen, sondern Piroggen. Das gemeinsame Nachsprechen dieser Worte macht den Kinder Spaß, und
so »vergessen« sie unsere Erklärung auch nicht sofort wieder.
In einer zweiten Runde geht es direkt ins Märchen hinein: »Ich
habe für euch noch eine ganz besondere Überraschung vorbereitet! Könnt ihr wieder still sein?« Die Erzieherin wendet sich noch
einmal an jedes Kind, und jedes darf sich mit geschlossenen Augen ein Stückchen Brot aus dem Körbchen herausnehmen und in

den Mund stecken! »Solange wir essen, lassen wir die Augen zu!
Ihr werdet erleben, daß ihr dann ganz besonders viel schmeckt!
Wer fertig ist, wartet ganz still auf die anderen, dann können wir
das Märchen hören.«

Nach dem Hören dürfen sich die Kinder noch einmal – aber nun
sehend – etwas aus dem Brotkorb nehmen: immer abwechselnd ein
Kind ein Stück helles Weizen-, das andere ein Stück dunkles Roggenbrot. Wenn jedes Kind sein Brot in der Hand hält, brechen wir es
in der Mitte durch und geben die Hälfte unserem Nachbarn zur rechten Seite. Auf diese Weise teilen wir unser Brot, und jeder kann von
jeder Sorte probieren.
Wir essen und kauen langsam und bedächtig – wir schließen dabei
unsere Augen – wir genießen und schmecken unser Brot.
Wenn alle fertig sind, öffnen wir die Augen wieder und erzählen uns,
wie es geschmeckt hat.

Hinweise zum Symbolverständnis

Brot ist bei allen Völkern, die den Anbau von Körnerfrüchten und
die Technik des Backens beherrschen, das wichtigste Nahrungsmit-
tel. In Altägypten waren bereits etwa 40 Arten Brot und Gebäck bekannt.

– Das »Brotbrechen« im übertragenen Sinn bedeutet gemeinsam
  essen, zusammen ein Mahl einnehmen.
– Schon früh war Brot auch Sinnbild für geistige Nahrung, für See-
  lenspeise: das »Brot des Lebens« begegnet uns ebenso in Märchen aller Völker wie in der christlichen Symbolik.
– Der Werdegang des Brotes vom Säen, über das Mähen, Dreschen
  bis zum Backen ist von jeher mit dem mühevollen Menschenle-
  ben verglichen worden.

Für Kinder, die dieses Märchen hören, klingt an:

– Brot ist in seiner einfachen, ursprünglichen Form etwas Kostbares, Lebensnotwendiges.

- Im Brot steckt Lebenskraft – nicht im Zuckergebäck.
- Wer Brot verachtet, weil er verwöhnt ist, wird die Hindernisse, die ihn im Leben erwarten, nicht bewältigen können.

Gemeinsames *Brotbacken* bietet sich vor oder nach dem Erzählen dieses Märchens natürlich besonders an.

2.5 Schneeweißchen und Rosenrot

Eine arme Witwe lebte einsam in einem Häuschen. Davor war ein Garten, und darin standen zwei Rosenbäumchen. Das eine trug weiße, das andere rote Rosen. Und sie hatte zwei Kinder, die glichen den beiden Rosenbäumchen. Das eine hieß Schneeweißchen, das andere Rosenrot. Die beiden Kinder hatten einander sehr lieb und blieben immer zusammen. Nicht weit von ihrem Häuschen lag der Wald. Dort liefen sie oft allein umher und sammelten Beeren. Sie hörten den Vögeln zu und sahen Hasen, Rehe und Hirsche springen. Schneeweißchen und Rosenrot halfen ihrer Mutter, das Häuschen sauberzuhalten. Im Sommer besorgte vor allem Rosenrot das Haus. Und im Winter, wenn der Schnee fiel, machte Schneeweißchen Feuer an, damit es warm wurde. An einem Winterabend, als sie alle beieinandersaßen, da klopfte jemand an die Tür. Die Mutter sprach: »Geschwind, Rosenrot, mach auf, es wird jemand sein, der ein Nachtquartier braucht.« Rosenrot öffnete die Tür – da stand da ein Bär, der seinen dicken schwarzen Kopf zur Tür hereinsteckte. Rosenrot schrie auf vor Schreck! Der Bär aber sprach: »Fürchtet euch nicht, ich tue euch nichts zuleid, ich bin halb erfroren und will mich nur ein wenig bei euch wärmen.«

»Du armer Bär«, sagte die Mutter, »leg dich ans Feuer und gib nur acht, daß dein Pelz nicht brennt.« Der Bär trat ein und sprach: »Ihr Kinder, klopft mir den Schnee aus dem Pelz«. Da holten sie einen Besen und kehrten ihm das Fell. Der Bär aber streckte sich ans Feuer und brummte. Bald begannen die Kinder mit dem Bären zu spielen. Sie scherzten mit ihm und schlugen ihn mit einer Haselrute. Und wenn sie's gar zu arg trieben, da rief der Bär:

> »Ihr Kinder, laßt mich am Leben:
> Schneeweißchen, Rosenrot,
> schlägst dir den Freier tot.«

Der Bär blieb über Nacht in dem Häuschen, und am anderen Morgen trabte er über den Schnee wieder in den Wald hinein. Von nun an kam der Bär jeden Abend zur bestimmten Stunde, legte sich an den Herd und erlaubte den Kindern, mit ihm Kurzweil zu treiben.

Als das Frühjahr herangekommen und draußen alles grün war, sagte der Bär zu Schneeweißchen: »Nun muß ich fort und darf den ganzen Sommer nicht wiederkommen.« – »Wo gehst du denn hin, lieber Bär?« fragte Schneeweißchen. »Ich muß in den Wald und meine Schätze vor den bösen Zwergen hüten: im Winter, wenn die Erde hart gefroren ist, müssen sie unten bleiben und können nicht herauf. Aber jetzt, wo die Sonne die Erde aufgetaut hat, da brechen sie durch, steigen herauf und suchen und stehlen. Was einmal in ihren Händen ist, tragen sie in ihre Höhlen und kommt nicht leicht wieder ans Tageslicht.« Als der Bär heraustrat, blieb er an einem Türhaken hängen und ein Stück seiner Haut riß auf. Da war es doch Schneeweißchen, als hätte es Gold durchschimmern sehen! Der Bär lief eilig fort und war bald hinter den Bäumen verschwunden.

Nach einiger Zeit schickte die Mutter die beiden Kinder in den Wald. Sie sollten Reisig sammeln. Da fanden sie einen großen Baumstamm, der gefällt auf dem Boden lag. Und an dem Stamme im Gras sprang irgend etwas auf und ab: ein Zwerg war es, mit einem alten, verwelkten Gesicht und einem ellenlangen, schneeweißen Bart. Das Ende des Bartes aber war in eine Spalte des Baumes eingeklemmt. Der Zwerg kam nicht los und schrie die beiden Mädchen an: »Was steht ihr da, könnt ihr nicht kommen und mir helfen?« – Die Kinder gaben sich alle Mühe, aber sie konnten den Bart nicht herausziehen, er steckte zu fest. »Ich will laufen und Leute herbeiholen«, sagte Rosenrot. – »Wahnsinnige Schafsköpfe,« schnarrte der Zwerg, »Leute holen, ihr zwei seid schon zu viel, fällt euch nichts besseres ein?« Da holte Schneeweißchen eine Schere aus der Tasche und schnitt das Ende des Bartes ab. Da war der Zwerg frei. Er griff seinen Sack mit Gold und schimpfte: »Ungehobeltes Volk, schneidet mir ein Stück von meinem stolzen Barte ab! Hol euch der Kuckuck!«, und fort war er.

Einige Zeit danach wollten Schneeweißchen und Rosenrot Fische angeln. Sie kamen zum Bach und sahen etwas wie eine Heuschrecke hüpfen: es war der Zwerg. Der hatte auch angeln wollen. Aber der Wind hatte seinen Bart mit der Angelschnur verflochten, und ein Fisch hatte in den Angelhaken gebissen. Der Fisch schwamm hin und her, und der Zwerg mußte immer mithüpfen – weil er zu schwach war, um den Fisch herauszuziehen. Also nahm Schneeweißchen wieder sein Scherchen und schnitt den Bart von der Schnur ab. Gleich schimpfte der Zwerg wieder: »Ihr Lorche! Schneidet mir den besten Teil von meinem Barte ab!« Dann nahm er einen Sack Perlen, den er im Schilf versteckt hatte, schleppte ihn fort und verschwand hinter einem Stein.

Bald danach schickte die Mutter Schneeweißchen und Rosenrot in die Stadt zum Einkaufen. Der Weg führte über eine Heide, auf der mächtige Felsstücke verstreut lagen. Wie sie dahinkommen, schwebt da ein großer Vogel in der Luft, der zu einem Felsen niederstößt. Da hören sie einen jämmerlichen Schrei. Und wie sie näher kommen, erkennen sie den Zwerg, den der Adler forttragen will. Da bekamen sie Mitleid mit dem Zwerg und hielten das Männchen fest, solange bis der Adler seine Beute fahren ließ. Der Zwerg aber schrie sie an: »Konntet ihr nicht sorgfältiger mit mir umgehen, gerissen habt ihr an meinem dünnen Röckchen, daß es ganz durchlöchert ist, ihr täppisches Gesindel!« Dann nahm er einen Sack mit Edelsteinen und schlüpfte wieder in seine Höhle.

Die beiden Mädchen wußten schon, daß er so undankbar war, und gingen weiter fort in die Stadt. Als sie vom Einkaufen heimkamen, saß der Zwerg an einem Plätzchen und hatte seinen Sack mit Edelsteinen ausgeschüttet. Die glänzten und leuchteten. Da blieben sie stehen und schauten zu. »Was steht ihr da und haltet Maulaffen feil?« schrie der Zwerg. Er wollte noch weiter schimpfen, aber da ließ sich ein lautes Brummen hören, und ein schwarzer Bär trabte aus dem Walde herbei. Erschrocken sprang der Zwerg auf, aber er konnte nicht mehr entfliehen, der Bär stand schon neben ihm. »Lieber Herr Bär, verschont mich, ich will Euch alle meine Schätze geben, die schönen Edelsteine, aber schenkt mir das Leben – packt die beiden Mädchen hier, das sind gute Bissen für Euch.« Der Bär aber gab dem boshaften Zwerg einen Schlag mit der Tatze, und er regte sich nicht mehr.

Die Mädchen waren vor Angst fortgelaufen, aber der Bär rief ihnen nach: »Schneeweißchen und Rosenrot, fürchtet euch nicht, wartet, ich will mit euch gehen.« Da erkannten sie seine Stimme und blieben stehen. Und als der Bär bei ihnen anlangte, da fiel plötzlich seine Bärenhaut ab, und er stand da als ein schöner Mann und war ganz in Gold gekleidet. »Ich bin ein Königssohn«, sagte er, »und ich war von dem gottlosen Zwerg verwünscht, als ein wilder Bär im Walde zu laufen. Alle meine Schätze hat er mir gestohlen. Jetzt aber hat er seine wohlverdiente Strafe empfangen.«

Und was geschah dann? Schneeweißchen ward mit dem Königssohn vermählt und Rosenrot mit seinem Bruder – eine große Hochzeit gab es. Und sie holten die Schätze aus der Zwergenhöhle und teilten sie miteinander. Die alte Mutter aber lebte noch lange Jahre glücklich bei ihren Kindern. Und die beiden Rosenbäumchen nahm sie mit. Sie standen im Garten vor ihrem Fenster und trugen jedes Jahr die schönsten Rosen: weiß und rot.

Brüder Grimm
(leicht geänderte Fassung nach Felicitas Betz)

Meditative Übung zum Märchen »Schneeweißchen und Rosenrot«

Ausgewähltes Symbol: Bär

Gestaltete Mitte:
ein hübsches Spitzentuch (Tischdecke) mit weißen und roten Rosen darauf (je eine rote und eine weiße Rose in einer Vase oder auch Rosenstöckchen, in eine kleine Schale gepflanzt)

Vorbereitetes Material:
ein Säckchen mit kleinen Pelzstücken

Vor dem Erzählen:
Die Kinder kriechen durch den goldenen Reifen in das Märchenland, setzen sich danach still auf ihre Plätze.

Die Erzieherin: »Heute habe ich euch etwas Geheimnisvolles mitgebracht. Ich werde nun mit meinem Säckchen von einem zum andern gehen. Jedes Kind darf behutsam hineinlangen und sich etwas herausnehmen. Aber seid vorsichtig, damit eure Nachbarn noch nichts davon sehen können! Versteckt es in euren Händen, und schaut es auch selbst noch nicht an.«

Wenn jedes Kind sein Pelzchen in der Hand hält: »Nun schließen wir unsere Augen – fühlen zuerst mit den Fingerspitzen, dann mit der Handfläche, was es sein könnte – wir streicheln unsere Hände damit – auch unsere Wangen – unsere Nase – unsere geschlossenen Augen ... Woran erinnert es dich, hast du so etwas ähnliches schon einmal gefühlt?« Schließlich öffnen wir die Augen wieder, schauen uns das Pelzchen in unserer Hand genau an und erzählen uns, was wir gefühlt haben, woran es uns erinnert hat.

(Für diese kleine Übung sollte man nicht zu wenig Zeit ansetzen. Die Kinder werden viele Erinnerungen, vor allem an geliebte Tiere, die ihre Freunde und Beschützer sind, erzählen wollen. Auch Kinder, die keine eigenen Haustiere halten dürfen, haben erstaunlich viel zu erzählen – Wunschträume und Phantasien tauchen natürlich ebenso auf wie der heißgeliebte Teddybär.)

Zum Abschluß dieser Runde bekommen die Kinder ihr Pelzchen als Geschenk und dürfen es während des nun folgenden Märchenvortrags in der Hand behalten.

Hinweise zum Symbolverständnis

Felszeichnungen und Knochenfunde beweisen, daß der *Bär* bereits in prähistorischer Zeit eine wichtige kulturelle Rolle spielte. Er war über die nördliche Halbkugel verbreitet, und vor allem bei den sibirischen Völkern wurde er als »König«, als menschenähnliches, mächtiges Wesen verehrt. Er war kein Tier wie alle anderen, sondern ein »Held«, der mit göttlicher Kraft ausgestattet und mit einem Bärenfell bekleidet als Kind des Himmelsgottes vom Himmel herunter zu den Menschen gekommen war. Er galt als Mittler zwischen Himmel und Erde, als Ahnvater, als Urmutter der Menschen.

Zwar wurde der Bär um seines Fleisches willen gejagt und erlegt, doch war dieser Tötungsakt eingebettet in eine Bärenfest-Zeremonie. Dieses Fest erstreckte sich über mehrere Tage und Nächte. Gesänge, Gebete, Tänze, Essen und Trinken erfolgten in einer streng festgelegten Reihenfolge, und kein noch so kleines Teilchen des Bären-Körpers wurde weggeworfen. Das wenige, das für die Menschen nicht verwertbar war, wurde nach strengen Regeln in der Erde vergraben. »Damit der Bär wiederkommen kann, um uns zu sättigen!«

Bärenkulte waren aber auch im alten Griechenland bekannt. Noch im 2. Jh. n. Chr. sind in Athen mit staatlicher Genehmigung Initiationsriten ausgeführt worden, in deren Verlauf 5- bis 10jährige Mädchen »eingebärt«, d.h. in Bärenfelle gewickelt wurden, damit sie Frauen und Mütter werden konnten. Die eingeweihten Mädchen hießen nach diesem Ritual »Bärinnen« – eben nach der göttlichen Mutter. Die Bärin galt den Menschen als vorbildliche Mutter, sie bewacht und behütet ihre Kinder auf das Sorgfältigste.[8]

Die Ägypter haben für »Bärin« und »Amme« nur ein einziges Wort – auf ihren Himmelskarten ist der große Bär als große, trächtige Bärin dargestellt.

In unserem Märchen taucht der Bär als ein verwünschter Königssohn auf, unter dessen zottigem Fell es »golden« hervorschimmert.

Wir Erwachsenen staunen über die Intuition unserer Vorfahren in frühester Zeit. Unsere Kinder haben sich wohl noch einen Rest dieses Urwissens bewahrt – der (Teddy-) Bär als ganz besonderer Gefährte könnte darauf hinweisen.

8. Betz, Felicitas, Heilbringer im Märchen, Kösel, München 1989.

2.6 Die Königstochter in der Flammenburg

Es war einmal ein armer Mann, der hatte so viele Kinder, als Löcher sind in einem Sieb, und hatte alle Leute in seinem Dorfe schon zu Gevatter gehabt; als ihm seine Frau nun wieder ein Söhnlein schenkte, setzte er sich an die Landstraße, um den ersten besten zu bitten, der Pate zu sein. Da kam ein alter Mann in einem grauen Mantel die Straße entlang. Den bat er, und dieser nahm den Antrag willig an, ging mit und half den Knaben taufen. Der alte Mann aber schenkte dem Armen eine Kuh mit einem Kalb. Das war an demselben Tage, an welchem der Knabe geboren, zur Welt gekommen und hatte vorn auf der Stirne einen goldnen Stern und sollte dem Kleinen gehören. Als der Knabe größer war, ging er mit seinem Kalb, das nun ein großer Stier geworden war, jeden Tag auf die Weide. Der Stier aber konnte sprechen, und wenn sie auf dem Berg angekommen waren, sagte er zum Knaben: »Bleibe du hier und schlafe, indes will ich mir schon meine Weide suchen!« Sowie der Knabe schlief, rannte der Stier wie der Blitz fort und kam auf die große Himmelswiese und fraß hier goldene Sternblumen. Als die Sonne unterging, eilte er zurück und weckte den Knaben. Dann gingen sie nach Hause. Also geschah es jeden Tag, bis der Knabe zwanzig Jahre alt war. Da sprach der Stier eines Tages zu ihm: »Jetzt setze dich zwischen meine Hörner, und ich trage dich zum König. Dann verlange von ihm ein sieben Ellen langes eisernes Schwert und sage, du wollest seine Tochter erlösen.«

Bald waren sie an der Königsburg. Der Jüngling stieg ab und ging vor den König und sagte, warum er gekommen sei. Der gab dem Hirtenknaben gern das verlangte Schwert; aber er hatte keine große Hoffnung, seine Tochter wiederzusehen, denn schon viele kühne Jünglinge hatten es vergeblich gewagt, sie zu befreien. Es hatte sie nämlich ein zwölfköpfiger Drache geraubt, und dieser hauste weit weg, wohin niemand gelangen konnte. Denn erstens war auf dem Wege dahin ein hohes unübersteigliches Gebirge, zweitens ein weites und stürmisches Meer, und drittens wohnte der Drache in einer Flammenburg. Wenn es dennoch jemandem gelungen wäre, über das Gebirge und das Meer zu kommen, so hätte er durch die mächtigen Flammen nicht hindurchdringen können, und wäre er durchgedrungen, so hätte ihn der Drache umgebracht.

Als der Jüngling das Schwert hatte, setzte er sich dem Stier zwischen die Hörner, und im Nu waren sie vor dem großen Gebirgswall. »Da können wir wieder umkehren«, sagte er zum Stier, denn er hielt es für unmöglich hinüberzukommen. Der Stier aber sprach: »Warte nur einen Augenblick!« und setzte den Jüngling zu Boden. Kaum war das geschehen, so nahm er einen Anlauf und schob mit seinen gewaltigen Hörnern das ganze Gebirge zur Seite, also daß sie weiterziehen konnten. Nun setzte der Stier den Jüngling wieder zwischen die Hörner, und bald waren sie am Meer angelangt. »Jetzt können wir umkehren«, sprach der Jüngling, »denn da kann niemand hinüber!« – »Warte nur einen Augenblick«, sprach der Stier, »und halte dich an meinen Hörnern fest!« Da neigte er den Kopf zum Wasser und trank und trank das ganze Meer aus, also daß sie trockenen Fußes wie auf einer Wiese weiterzogen.

Nun waren sie bald an der Flammenburg. Aber da kam ihnen schon von weitem solche Glut entgegen, daß der Knabe es nicht mehr aushalten konnte. »Halte ein«, rief er dem Stier zu, »nicht weiter, sonst müssen wir verbrennen!« Der Stier aber lief ganz nahe heran, und er goß das Meer, das er getrunken hatte, in die Flammen, also daß sie gleich verlöschten und einen mächtigen Qualm erregten, von dem der ganze Himmel mit Wolken bedeckt wurde. Aber nun stürzte aus dem fürchterlichen Dampfe der zwölfköpfige Drache voller Wut hervor. »Nun ist es an dir!« sprach der Stier zum Jüngling, »sieh zu, daß du dem Ungeheuer alle Köpfe auf einmal abschlägst!« Der nahm alle seine Kraft zusammen, faßte mit beiden Händen das gewaltige Schwert und versetzte dem Ungeheuer einen so geschwinden und mächtigen Schlag, daß alle Köpfe herunterflogen. Aber nun schlug und ringelte sich das Tier auf der Erde, daß sie erzitterte. Der Stier aber nahm den Drachenrumpf auf seine Hörner und schleuderte ihn zu den Wolken, so daß keine Spur mehr von ihm zu sehen war. Dann sprach er zum Jüngling: »Mein Dienst ist nun zu Ende. Gehe jetzt in die Burg, da findest du die Königstochter, führe sie heim zu ihrem Vater!« Damit rannte der Stier fort auf die Himmelswiese, und der Jüngling sah ihn nicht wieder.

Er fand aber die Königstochter in der Burg, und sie freute sich sehr, daß sie von dem fürchterlichen Drachen erlöst war. Sie gingen nun zu ihrem Vater, hielten Hochzeit, und es herrschte große Freude im ganzen Königreiche.

Meditative Übung zum Märchen
»Die Königstochter in der Flammenburg«

Ausgewähltes Symbol: Feuer

Gestaltete Mitte:
zunächst nur in ein großes Rund geschlungene blaue »Wassertücher« (die später das »Feuer« umschließen)

Vorbereitetes Material:
für jedes Kind ein Teelicht; eine ausreichende Anzahl von »Feuertüchern«: rote, gelbe, orangefarbene Seidentücher; beliebige Musik, auf die sich ein bewegter Tanz improvisieren läßt (z.B. die »Feuerwerksmusik« von Händel); Streichhölzer

Vor dem Erzählen:
Dieser Übung müßte unbedingt ein gemeinsames Feuererlebnis vorausgehen – z.B. ein Lagerfeuer zur Sonnwendzeit oder ein Kartoffelfeuer im Spätherbst, das sich in jedem Garten durchführen läßt.
Die Erzieherin: »Heute gehen wir nicht gleich ins Märchenland – wir brauchen vorher noch viel Platz, weil wir tanzen wollen! Ich habe viele Tücher mitgebracht. Jedes Kind darf sich eins aussuchen. Erinnert ihr euch an das schöne Feuer, in dem wir vorige Woche unsere Kartoffeln gebraten haben? Wenn die Musik beginnt, verwandeln wir uns alle in solch ein Feuerchen, in Flammen. Jedes Kind darf tanzen, sich bewegen und sein Tuch dazu schwingen, wie es möchte. Am Ende läßt jedes Kind sein Tuch in den blauen Kreis fallen, und wir selbst bleiben im Kreis stehen. Ihr braucht nur ein wenig auf mich zu schauen – ich mache den Anfang, und ihr macht mir alles nach.«
Freie Improvisation der Kinder zu »Feuermusik« bis zum oben beschriebenen Kreisschluß.

Die Erzieherin geht schweigend und langsam von Kind zu Kind, gibt jedem ein Teelicht in einem dazugehörigen Glashalter in die Hand und zündet es an. (Ich habe noch kein Kind erlebt, das während dieser Übung *nicht* still und vorsichtig gewesen wäre!) Wenn alle Kinder ihr Licht in der Hand halten, beginnt die Erzieherin langsam zu gehen und dabei zu summen. In der Regel gehen die Kinder ohne Anweisung summend hinterher. Alle schreiten in einer großen Spirale immer näher auf den »Feuerkreis« zu, umrunden ihn am Ende und stellen ihrer Teelichter rundherum.

Auf eine leise und ruhige Anweisung hin stellen die Kinder ihre Stühle in den Kreis, kriechen durch den *goldenen Reifen* und setzen sich. (Um Unruhe zu vermeiden, könnten sich die Kinder genausogut auf den Fußboden setzen.)

Nach dem Hören machen auch wir dem »Drachen« im Feuer den Garaus und blasen unsere Teelichter aus.

Hinweise zum Symbolverständnis

Das *Feuer* ist eine faszinierende Wirklichkeit, die uns und unseren Kindern auch im Zeitalter der Fernheizungen, Elektroherde und Mikrowellengeräte noch recht vertraut ist. Vertraut auch in seiner ambivalenten Natur, die es zu einem der »erfahrbarsten« Ursymbole überhaupt werden läßt. Lange vor dem Neandertaler, vermutlich schon vor mindestens einer Million Jahren kannte, fürchtete und liebte der Mensch das Feuer.

An die großen Feuerrituale der Vorzeit erinnern noch heute gefeierte Feste, bei denen es um die Kraft und Energie des Feuers geht, auch um seine reinigende, göttliche Kraft: Sonnwendfeuer, Maifeuer, Olympische Feuer ebenso wie das Osterfeuer und das Pfingstfeuer der Christen.

Hitze, Glut, Flammen, Vernichtung, Angst, aber auch Wärme, Geborgenheit, Sicherheit, Leuchtkraft, Licht sind nur einige von zahllosen Begriffen, die nicht nur auf das reale Feuer, sondern mühelos auch auf das menschliche Leben im allgemeinen, Beziehungen und Gefühle anzuwenden sind.

Daß in unserem Märchen der gefährliche zwölfköpfige Drache in einer Flammenburg lebt, wird niemand verwundern. Speit er doch in manchen Mythen und Märchen Feuer – ist gleichsam Teil des Feuers, Sinnbild seiner verschlingenden, versengenden Macht. Wer ihn besiegt hat, wer mutig »durchs Feuer« gegangen ist, der ist wirklich erwachsen geworden und den erwartet ein ganz besonderer Lohn: die Liebe.

2.7 Die Bienenkönigin

Zwei Königssöhne gingen einmal auf Abenteuer und gerieten in ein wildes, wüstes Leben, so daß sie gar nicht wieder nach Haus kamen. Der jüngste, welcher der Dummling hieß, machte sich auf und suchte seine Brüder. Aber wie er sie endlich fand, verspotteten sie ihn, daß er mit seiner Einfalt sich durch die Welt schlagen wollte, und sie zwei könnten nicht durchkommen und wären doch viel klüger. Sie zogen alle drei miteinander fort und kamen an einen Ameisenhaufen. Die zwei ältesten wollten ihn aufwühlen und sehen, wie die kleinen Ameisen in der Angst herumkröchen und ihre Eier forttrügen, aber der Dummling sagte: »Laßt die Tiere in Frieden, ich leid's nicht, daß ihr sie stört!« Da gingen sie weiter und kamen an einen See, auf dem schwammen viele, viele Enten. Die zwei Brüder wollten ein paar fangen und braten, aber der Dummling ließ es nicht zu und sprach: »Laßt die Tiere in Frieden, ich leid's nicht, daß ihr sie tötet!« Endlich kamen sie an ein Bienennest, darin war so viel Honig, daß er am Stamm herunterlief. Die zwei wollten Feuer unter den Baum legen und die Bienen ersticken, damit sie den Honig wegnehmen könnten. Der Dummling hielt sie aber wieder ab und sprach: »Laßt die Tiere in Frieden, ich leid's nicht, daß ihr sie verbrennt!« Endlich kamen die drei Brüder in ein Schloß, wo in den Ställen lauter steinerne Pferde standen, auch war kein Mensch zu sehen, und sie gingen durch alle Ställe, bis sie vor eine Tür ganz am Ende kamen, davor hingen drei Schlösser; es war aber mitten in der Türe ein Lädlein, dadurch konnte man in die Stube sehen. Da sahen sie ein graues Männchen, das an einem Tisch saß. Sie riefen es an, einmal, zweimal, aber es hörte nicht. Endlich riefen sie zum drittenmal; da stand es auf, öffnete die Schlösser und kam heraus. Es sprach aber kein Wort, sondern führte sie zu einem reichbesetzten Tisch; und als sie gegessen und getrunken hatten, brachte es einen jeglichen in sein eigenes Schlafgemach. Am andern Morgen kam das graue Männchen zu dem ältesten, winkte und leitete ihn zu einer steinernen Tafel, darauf standen drei Aufgaben geschrieben, wodurch das Schloß erlöst werden könnte. Die erste war: In dem Wald unter dem Moos lagen die Perlen der Königstochter, tausend an der Zahl; die mußten aufgesucht werden, und wenn vor Sonnenuntergang noch eine einzige fehlte, so ward der, welcher gesucht hatte, zu Stein. Der älteste ging hin und suchte den ganzen Tag, als aber der Tag zu Ende war, hatte er erst hundert gefunden; es geschah, wie auf der Tafel stand: er ward in Stein verwandelt. Am folgenden Tage unternahm der zweite Bruder das Abenteuer; es ging ihm aber nicht viel besser als dem ältesten, er fand nicht mehr als zweihundert Perlen und ward zu Stein. Endlich kam auch an den Dummling die Reihe. Der suchte im Moos; es war aber so schwer, die Perlen zu finden und ging so langsam. Da setzte er sich auf einen Stein und weinte. Und wie er so saß, kam der Ameisenkönig, dem er einmal das Leben erhalten hatte, mit fünftausend Ameisen, und es währte gar nicht lange, so hatten die kleinen Tiere die Perlen miteinander gefunden und auf einen Haufen getragen. Die zweite Aufgabe aber war, den Schlüssel zu der Schlafkammer der Königstochter aus dem See zu holen. Wie der Dummling zum See kam, schwammen die Enten, die er einmal gerettet hatte, heran, tauchten unter und holten den Schlüssel aus der Tiefe. Die dritte Aufgabe aber war die schwerste: aus den drei schlafenden Töchtern des Königs sollte die jüngste und die liebste herausgesucht werden. Sie glichen sich aber vollkommen und waren durch nichts verschieden, als daß sie, bevor sie eingeschlafen waren, verschiedene Süßigkeiten gegessen hatten; die älteste ein Stück Zucker, die zweite ein wenig Sirup, die jüngste einen Löffel Honig. Da kam die Bienenkönigin von den Bienen, die der Dummling vor dem Feuer geschützt hatte, und versuchte den Mund von allen dreien; zuletzt blieb sie auf dem Mund sitzen, der Honig gegessen hatte, und so erkannte der Königssohn die rechte. Da war der Zauber vorbei, alles war aus dem Schlaf erlöst, und wer von Stein war, erhielt seine menschliche Gestalt wieder. Der Dummling aber vermählte sich mit der jüngsten und liebsten und ward König nach ihres Vaters Tod; seine zwei Brüder aber erhielten die beiden anderen Schwestern.

Brüder Grimm

Meditative Übung zum Märchen »Die Bienenkönigin«

Ausgewähltes Symbol: Perle

Gestaltete Mitte:
erdfarbene, grüne und blaue Tücher locker zu einem geschlossenen Rund gelegt. Wenn möglich von den Kindern mit Naturmaterialien, die während eines gemeinsamen Spazierganges gesammelt wurden, schmücken lassen: mit Moos, Zapfen, Rindenstücken, Steinchen ...

Vorbereitetes Material:
eine hübsche Schachtel oder Dose voll von »kostbaren« Perlen (gibt es in jedem Bastelgeschäft), Honig in einem Schälchen

Vor dem Erzählen:
Die Kinder kriechen durch den *goldenen Reifen* ins Märchenland, setzen sich danach still auf ihre Plätze.
Die Erzieherin zeigt ihr Schatzkästchen und sagt: »Was da drin ist, ist noch ein Geheimnis! Könnt Ihr Geheimnisse bewahren? Ich schenke jedem Kind etwas aus meinem Kästchen. Aber ihr dürft noch nichts darüber sagen oder verraten!« Reihum legt sie nun jedem Kind einige der kleinen Perlen in die geöffneten Hände. »Wir schließen nun die Augen – und fühlen behutsam, was da in unseren Händen liegt – stell dir vor, was das sein könnte – erinnert es dich an etwas? – oder fällt dir ein Wunsch dazu ein? Wünschen darf man sich alles! Mit unseren Gedanken können wir sogar zaubern!«
Dann öffnen wir alle wieder unsere Augen und erzählen uns, was wir »gesehen« haben. Jedes Kind, das erzählt hat, darf aufstehen und seine Perlen aufs Moos legen und setzt sich dann wieder.

Nach dem Hören des Märchens geht die Erzieherin noch einmal von Kind zu Kind. Jedes darf seinen Finger in den Honig tauchen und kosten.

Die *Perle* ist ein ganz besonderer Schatz: geheimnisvoll gewachsen auf dem Meeresgrund, geschützt und geborgen in der geschlossenen, lichtlosen Höhlung einer Muschel. Von altersher waren die Menschen fasziniert von ihrem wunderbaren, milchigen Schimmer: »Licht«, das in der Dunkelheit »gewachsen« ist! Wegen ihres zarten Glanzes wurde sie als »mondhaft« und damit weiblich betrachtet, ihre kugelrunde Form gilt als Hinweis auf Vollkommenheit. In ihrer Symbolbedeutung steht sie in Beziehung zum Wasser und damit auch zum Mond. Im Neuen Testament wird die Perle als Bild für das Himmlische betrachtet, als Zeichen des göttlichen Lichtes. In Jesu Gleichnissen ist die Perle ein Bild für das Himmelreich. Als der Kaufmann, der gute Perlen suchte, »eine kostbare Perle gefunden hatte, ging er hin, verkaufte alles, was er hatte und kaufte sie« (Mt 13,45 f). Mit anderen Worten: für das Himmelreich, den einzigen unvergänglichen Wert, soll kein Opfer zu groß sein.
Auch mit dem Embryo im Mutterleib wurde die Perle in Verbindung gebracht.
In unserem Märchen müssen die Brüder einen ganz besonderen Schatz suchen und finden: eben *Perlen*. Das ist nicht leicht, versteckt und verborgen liegen sie unter dem Moos. Auch hier haben wir ein symbolisches Bild für den Menschen, für den »Schatz in uns selbst«, den auch die Kinder schon erahnen können und hoffentlich in liebevoller Umgebung schon »gefunden« haben:

»Der Schatz, der in jedem von uns auf seine Entdeckung wartet, trägt viele Namen. Es ist die Einzigartigkeit, Einmaligkeit meiner Person. Es ist die kostbare menschliche Fähigkeit, liebevoll und verständnisvoll miteinander umzugehen. Es ist die Freude, die sich meiner bemächtigen kann. Begabungen, Talente, ursprüngliche Kreativität, Intuition sind solche Schätze. Der Schatz ist letzten Endes die Gotteskindschaft, die mir geschenkt ist, das Himmelreich, das es in mir und um mich herum zu verwirklichen gilt.«[9]

9. »Religionspädagogische Praxis« 1992/1, Verlag RPA GmbH, Landshut.

Vielleicht haben die Kinder schon erfahren dürfen, daß Vater oder Mutter zu ihnen gesagt haben: Du bist mein Schatz! Du bist meine Perle!

2.8 Die Heckentür

Es war einmal eine Frau, die hatte zwei Kinder, einen Buben und ein Mädchen. Eines Tages ging sie auf die Reise und sagte zu ihnen: »Hört einmal, Kinder, ich reise fort, und ihr bleibt allein daheim, drum paßt mir ja hübsch auf die Heckentür auf!« Sie meinte damit, sie sollten sorgen, daß sich kein Spitzbube hineinschliche.

Eine Weile war sie schon fort, da bekamen die Kleinen Langeweile, und der Bruder sagte zur Schwester: »Komm, wir wollen ein wenig hinaus in den Wald, und die Heckentür nehmen wir mit, dann ist's gut!« Da war sie zufrieden, und sie gingen hinaus in den Wald. Aber wie sie da herumliefen, verirrten sie sich, und die Nacht überfiel sie, so daß sie wohl sahen, sie würden doch nicht mehr heimkommen, und vor Angst kletterten sie auf einen Eichbaum, um dort bis zum Morgen zu bleiben, damit sie nicht von den wilden Tieren zerrissen würden.

Eine Zeitlang haben sie da gesessen, da kommen Spitzbuben, die schleppen einen großen Haufen Geld zusammen, den zählen sie. Da halten sich die Kleinen ganz still im Baum, damit sie nicht von den Männern bemerkt werden. Aber endlich kann sich der Bruder doch nicht mehr halten und sagt zur Schwester: »Ich muß einmal was Kleines machen.« – »Na, so tu's!« Da tut er's, die Spitzbuben aber zählen ruhig weiter und sagen: »'s ist ein wenig Regen, der fällt.« Wieder nach einer Weile sagt der Bruder zur Schwester: »Ich kann's nicht länger halten, ich muß was Großes machen.« – »Na, so tu's!« Da tut er's, aber die Spitzbuben zählen ihr Geld ruhig weiter und sagen: »'s ist ein wenig Mist von den Vögeln, die im Baume sitzen.« Nun sitzen sie wieder lange still, da sagt auf einmal der Bruder: »Ich kann die Heckentür nicht mehr halten!« – »So wirf sie hinab!« sagt die Schwester. Da wirft er sie hinab, und sie fällt mitten unter die Spitzbuben, und die laufen eiligst davon und rufen: »Die Wolken kommen, die Wolken kommen!«

Nun war's aber Morgen geworden, und da stiegen Bruder und Schwester hinab vom Baume und nahmen die Heckentür und das Geld, das die Spitzbuben im Stich gelassen, dazu und kamen glücklich wieder nach Hause. Die Mutter ging ihnen schon entgegen und jammerte und schalt, daß sie nicht auf die Heckentür aufgepaßt hätten und nun die Spitzbuben dagewesen seien und das ganze Haus ausgeräumt hätten. Die Kleinen aber erzählten alles, wie es ihnen im Walde ergangen war, und da war sie froh. Und von dem Gelde kaufte sie neue Kleider und neues Gerät dazu, und es blieb noch so viel übrig, daß sie ihr Leben lang alle drei daran genug hatten.

Aus Deutschland

Meditative Übung zum Märchen »Die Heckentür«

Ausgewähltes Symbol: Heckentüre

Gestaltete Mitte:
erdfarbene Tücher, zu einem großen Rund gelegt

Vorbereitetes Material:
gemeinsam mit den Kindern gesammeltes Naturmaterial, das von einem »Heckenbesuch« mitgebracht wurde; ein kleines Glöckchen, eine Triangel o.ä.

Vor dem Erzählen:
Durch den *goldenen Reifen* kriechen die Kinder ins Märchenland, setzen sich danach still auf ihre Plätze.
Die Erzieherin: »Heute werden wir vor dem Märchenhören etwas ganz Besonderes tun: Wir legen uns ein Erinnerungsbild. Das geht so:
Zuerst schließen wir alle unsere Augen – und denken an die schöne, grüne Hecke, die wir gestern bei unserem Ausflug entdeckt haben. – Siehst du sie vor dir? – Du hast versucht, hineinzukrabbeln. – Spürst du noch, wie das war? – Kannst du ihren Duft noch riechen? – Atme ihn tief ein! – Spürst du noch die Sonne und den Wind auf deiner Haut? – Hörst du noch das Summen der Bienen? – Und das Zwitschern der Vögel? – Du darfst deine Augen so lange geschlossen halten, bis du mein Glöckchen hörst.«
Nach dem Öffnen der Augen, wenn die lebendige Hecke wieder ganz gegenwärtig ist, darf ein Kind nach dem anderen etwas von den

Materialien (Zweige unterschiedlichster Art, Blätter, Blüten der Hek-
kenrose, vielleicht auch ein altes Vogelnest u.v.m.) nehmen und so
auf die Mitte-Tücher legen, daß am Ende ein Tor entsteht. Ein wenig
Führung ist bei dieser Aktion sicher nötig.

Hinweise zum Symbolverständnis

Daß eine *Heckentür*, also eine Tür, die durch eine Hecke aus der
engen Umgrenzung des elterlichen Gartens hinausführt, eine ganz
besondere ist, ahnen die Kinder nach der vorgeschlagenen Erlebnis-
hinführung sofort und ohne Erklärung.
Eine Hecke ist keine Mauer, sondern birgt in sich wunderbare Geheimnisse. Was wächst da nicht alles im Verborgenen, was kreucht
und fleucht da nicht alles an kleinen und kleinsten Lebewesen! Eine
Welt tut sich da auf, lockt die Neugierigen, Abenteuerlustigen, Muti-
gen – aber erschließen wird sie sich nur denjenigen, die dazu noch
ein Quentchen Geduld, Einfühlsamkeit mitbringen, die horchen, be-
obachen und still sein können.
Ein Sinnbild für das Leben, auf das die Kinder freudig zuwachsen,
könnte man so eine Hecke nennen!
Durch solch eine dichte, urwüchsige Hecke führt nun eine Tür hinaus! Wenn schon die Hecke so voller Leben steckt – was mag uns
erst an herrlichen Abenteuern draußen erwarten? Eine Tür, durch die
man sich hinauswagen, die man aber auch wieder von innen schließen kann, wenn einen die Angst anfliegt oder wenn man einfach nur
seine Ruhe haben will.
In diesem kleine Märchen steckt eine Weisheit, die für die Reifung
eines jeden Menschen von Bedeutung ist: Irgendwann kommt für
jeden der Augenblick, wo schützende Hecken verlassen werden
müssen – anders ist das Glück nicht zu finden. Trau dich nur! Auch
wenn Dinge »passieren«, die du nicht im Griff hast, wenn du Angst
und Bedrängnis durchstehen mußt – am Ende ist alles halb so
schlimm, und du wirst das Glück finden.

2.9 Klein Marja

Ihr wißt, daß es auf der Welt gute Menschen gibt und schlechtere, und daß es auch welche gibt, die Gott nicht fürchten und sich vor den Menschen nicht schämen: Und unter solchen Leuten lebte Klein Marja. Sie hatte als Kind Vater und Mutter verloren. Jene Leute hatten sie bei sich aufgenommen; sie wurde bei ihnen groß, ohne Gottes schöne Welt zu sehen: sie mußte sie bedienen und hinter ihnen aufräumen und für alle und an allem schuld sein.

Ihre Herrin hatte drei erwachsene Töchter. Die Älteste hieß Einäuglein, die Mittlere Zweiäuglein und die Jüngste Dreiäuglein; die brauchten nichts zu tun, als vor dem Tor zu sitzen und auf die Straße zu schauen, und Klein-Marja arbeitete für sie, nähte ihre Kleider, spann und webte für sie, hörte aber von ihnen nie ein freundliches Wort. Und das ist das Schlimmste – es ist einer da, der dich stößt und tritt, aber es ist keiner da, der dich grüßt und lobt!

Als es einmal gar zu schlimm wurde, ging Klein Marja aufs Feld hinaus, umarmte ihre scheckige Kuh, schmiegte sich an ihren Hals und erzählte ihr, wie schwer sie es hatte. »Mütterchen Kuh, sie schlagen mich, sie tadeln mich, sie gönnen mir kein Stück Brot und dulden nicht, wenn ich weine. Bis morgen muß ich fünf Pud Flachs spinnen, weben, bleichen und das Leinen aufrollen.« Da antwortete die Kuh: »Mein schönes Mädchen, krieche mir in das eine Ohr hinein und zum anderen heraus – alles wird getan sein.« Und so geschah es auch. Als das schöne Mädchen aus dem Öhrchen herauskroch, war alles getan, es war gesponnen, gewebt, gebleicht und aufgerollt. Sie brachte das Leinen zur Stiefmutter. Die prüfte die Arbeit, schalt, legte die Leinwand in die Truhe und trug Klein-Marja noch mehr Arbeit auf. Marja ging wieder zu der Kuh, kroch zu einem Öhrchen hinein, zum anderen heraus und brauchte das Gewebte nur nach Hause zu tragen.

Die Alte wunderte sich und rief Einäuglein herbei: »Meine liebe Tochter, meine hübsche Tochter! Sieh doch einmal nach, wer der Waise hilft, wer für sie spinnt und webt und das Leinen aufrollt!« Einäuglein ging mit der Waise in den Wald, Einäuglein ging mit ihr ins Feld hinaus; sie vergaß, was die Mutter ihr aufgetragen hatte, in der Sonne wurde es ihr warm, und sie legte sich ins Gras; Marja

sang dazu: »Schlaf, Äuglein, schlaf!« Das Äuglein schlief ein; solange Einäuglein schlief, konnte die Kuh spinnen, weben und bleichen. Die Stiefmutter hatte nichts erfahren und schickte Zweiäuglein aus. Aber auch Zweiäuglein wurde es warm in der Sonne, sie
streckte sich im Gras aus, vergaß den Befehl ihrer Mutter, und die
Augen fielen ihr zu; Marja aber sang ihr das Schlaflied: »Schlaf,
Äuglein, schlaf, zweites Äuglein, schlaf!« Die Kuh webte, bleichte
und rollte die Leinwand auf; Zweiäuglein schlief immer noch. Da
wurde die Alte böse, schickte am dritten Tag Dreiäuglein aus und
trug Klein Marja noch mehr Arbeit auf. Dreiäuglein erging es nicht
anders als ihren älteren Schwestern, sie hüpfte und hüpfte und ließ
sich dann ins Gras fallen. Marja aber sang: »Schlaf, Äuglein, schlaf,
zweites Äuglein, schlaf!« Das dritte Äuglein aber vergaß sie. Zwei
Äuglein schliefen ein, aber das dritte sah alles: Wie das schöne
Mädchen in das eine Ohr hineinkroch, wie es aus dem anderen herauskroch und die fertigen Leinwandrollen einsammelte. Alles, was
sie gesehen hatte, erzählte Dreiäuglein ihrer Mutter. Die Alte freute
sich und kam am nächsten Tag zu ihrem Mann: »Schlachte die schek-
kige Kuh.« Der Alte wollte es ihr ausreden: »Bist du denn noch bei
Verstand, Frau? Die Kuh ist jung und gut!« Die Alte aber blieb
dabei: »Schlachte, schlachte die Kuh!« Und der Alte wetzte das
Messer ... Da lief Marja zu der Kuh: »Mütterchen Kuh, sie wollen
dich schlachten!« – »Du sollst von meinem Fleisch nicht essen,
schönes Mädchen: Such meine Knochen zusammen, tu sie in dein
Kopftuch, pflanze sie in den Garten und vergiß mich nicht. Gieße
sie jeden Morgen mit frischem Wasser.« Marja tat, was die Kuh sie
geheißen hatte; sie litt Hunger, aber sie rührte das Fleisch nicht an,
sie goß jeden Tag die Knochen im Garten, und eines Tages wuchs
daraus ein Apfelbaum, und was für ein Apfelbaum! Die Äpfelchen
prall von Saft, das Laub pures Gold, die Ästchen pures Silber; wer
vorüberfuhr, hielt an, wer vorüberging, blieb stehen und konnte den
Blick nicht abwenden.

Eines Tages waren die Mädchen im Garten; da fuhr ein Herr über
das Feld, der war reich und jung und hatte den Kopf voller Locken.
Er sah die Äpfelchen und sprach zu den Mädchen: »Ihr schönen
Mädchen, wer von euch mir ein Äpfelchen pflückt, die werde ich
heiraten.« Da rannten die drei Schwestern um die Wette zu dem Ap-

felbaum. Die Äpfel hingen tief, mit der Hand zu greifen, aber plötzlich bogen sich die Zweige in die Höhe, und die Äpfel schwebten hoch über ihren Köpfen. Die Schwestern wollten die Äpfel herunterschlagen, aber die Blätter fielen ihnen in die Augen, und sie konnten nichts mehr sehen. Sie wollten einen Ast abbrechen, aber die Äste zausten sie an den Haaren; wie sehr sie sich mühten, wie sehr sie sich anstrengten – sie zerkratzten sich die Hände, aber einen Apfel konnten sie nicht pflücken.

Da kam Marja herzu: Die Äste neigten sich zu ihr herunter, und die Äpfelchen schwebten ihr in die Hand. Der Herr nahm sie zur Frau, und sie lebte fortan glücklich und zufrieden und kannte kein Unglück mehr.

Aus Rußland

Meditative Übung zum Märchen »Klein Marja«

Ausgewähltes Symbol: Apfel

Gestaltete Mitte:
ein schönes Tuch, grün oder in Herbstfarben, mit Blättern geschmückt

Vorbereitetes Material:
ein schöner Apfel in einem Körbchen, versteckt unter einem »kostbaren« Tuch, mehrere Äpfel und ein Obstmesser

Vor dem Erzählen:
Die Kinder kriechen der Reihe nach durch den *goldenen Reifen* ins Märchenland, setzen sich danach still auf ihre Plätze.

Die Erzieherin geht mit einem kleinen Korb, in dem durch ein Tuch verborgen ein Apfel liegt, langsam von Kind zu Kind. »In meinem Körbchen liegt ein Geheimnis. Alle dürfen einmal hineingreifen, spüren, was sie darin fühlen, aber noch nichts sagen! Bewahrt euer Geheimnis.«

Wenn alle Kinder dran gewesen sind, sagt die Erzieherin: »Nun schließen wir unsere Augen (oder halten sie zu) und denken an das, was wir gefühlt haben.«

90

Nach kurzer Zeit darf jedes Kind die Augen wieder öffnen und mit den Händen zeigen, wie das »Geheimnis« aussieht. Es erzählt dabei (vielleicht in Form eines Rätsels), was es sich vorstellt; z.B.: »Es ist rund – es hat einen Stiel – ich denke, es ist rot usw.«

Anschließend deckt die Erzieherin ihr Geheimnis auf, nimmt den Apfel behutsam aus dem Körbchen. Wir lassen ihn in der Runde wandern und von einem Kind zum anderen vorsichtig in die geöffneten Hände gleiten.

Auch für diese Übung gilt: Wir schweigen!

Vielleicht gibt es noch andere Möglichkeiten, wie der Apfel in Gestalt, Farbe, Geruch, Schwere »erfaßt«, in seiner Schönheit und Kostbarkeit erspürt werden kann.

Das letzte Kind darf den Apfel an seinen besonderen Platz in der Mitte legen.

Nach dem Hören des Märchens bleiben alle ruhig sitzen, die vorbereiteten Äpfel werden langsam zerteilt und »gekostet«.

Anregung für einen späteren Zeitpunkt: Apfelkerne pflanzen

Hinweise zum Symbolverständnis

Der *Apfel* ist ein Symbol für Fruchtbarkeit und Leben. Vor allem der rote Apfel ist ein weit verbreitetes Liebessymbol.

Im Hohenlied wird der Geliebte mit dem Apfelbaum verglichen, dessen Frucht süß schmeckt. Alte Kulturen – so z.B. die Kirgisen – füllten dieses Symbol mit Leben: So wälzten sich kinderlose Frauen unter einem Apfelbaum, um ihr Schicksal zu wenden.

Wie alle Symbole ist auch der Apfel ambivalent. Er bringt nicht nur das Leben, sondern auch den Tod – so im Märchen von Schneewittchen. Auch die verbotenerweise verzehrten Früchte des Erkenntnisbaumes im Paradies – seit dem späten Mittelalter meist als Apfelbaum dargestellt – brachten den Tod. Der Apfel wird hier zum Symbol für Sünde.

Der Apfel – der goldene Apfel zumeist – begegnet uns aber auch schon bei den Griechen als Sinnbild für die Ewigkeit. In der christlich-abendländischen Kunst hält ihn oftmals Maria (oder das Gotteskind) in der Hand – auch hier ein Hinweis auf die Erlösung von der Sünde und auf das Ewige Leben. Er gilt in diesem Zusammenhang als Symbol für die Weltherrschaft Christi.

In unserem Märchen erinnert der aus den Knochen der mütterlichen Kuh gewachsene Apfelbaum mit seinen herrlichen Früchten, silbernen Ästen und goldenen Blättern an paradiesische Zustände, ist Zeichen für ein reiches, vollkommenes Dasein.

Auch die Liebe kommt mit ins Spiel, wenn Marja dem schönen Jüngling einen dieser Äpfel schenkt.

Verwurzelt in zahlreichen Mythen war es noch im alten Athen ein gern gepflegter Brauch, daß Neuvermählte beim Betreten ihres Brautgemaches einen Apfel teilten und gemeinsam aßen. Das Übersenden und Zuwerfen von Äpfeln gehörte zum Liebeswerben. Eine Liebesbeziehung nimmt durch die Übergabe eines Apfels ihren Anfang, auf dem Gebiet des Eros »bewegt sich etwas«.

Unsere Kinder brauchen all dies nicht zu wissen. Doch wenn ein Apfel – der sonst vielleicht wenig geschätzt als unerwünschtes Pausenbrot im Abfall landet – in seiner Kostbarkeit erspürt wird, dann ahnen sie vielleicht etwas von dem Wunder des Lebens, das als bestaunenswertes Geheimnis in jedem Apfel, in jedem Apfelkern steckt: Die Wirklichkeit ist viel größer, als wir mit unseren Augen sehen können. Schon im kleinen Kern steckt alles, was ein großer Apfelbaum braucht: Wurzelstock, Stamm und Krone – neue Äpfel. Der Kreislauf des Lebens als ganz großes Wunder wird erahnt: Nichts ist endgültig verloren! So wie im Märchen aus den Knochen der Mutterkuh Hilfe für das Mädchen erwächst, so wird der kleine Kern wachsen und sprießen, wenn wir ihn in die feuchte, dunkle Erde legen.

Literatur

Bergmann, Ingrid: Erziehung zur Verantwortlichkeit durch die Zaubermärchen der Brüder Grimm, Europ. Hochschulschriften, Peter Lang, Berlin 1994.

Bettelheim, Bruno: Kinder brauchen Märchen, dtv, München 1987.

Betz, Felicitas: Die Seele atmen lassen. Mit Kindern Religion entdecken, Kösel, München 1989.

Ds., Heilbringer im Märchen, Kösel, München, 1989.

Biedermann, Hans: Knaurs Lexikon der Symbole, Droemer Knaur, München 1989.

Campbell, Joseph: Die Kraft der Mythen, Artemis-Verlag, Zürich/München 1989.

Herder Lexikon: Symbole, Herder, Freiburg 1990.

Fromm, Erich: Märchen, Mythen, Träume, Rowohlt, Reinbek/Hamburg 1981.

Iten, Andreas: Die Sonne in der Kinderzeichnung, Verlag H.R.Balmer, Zug 1974.

Kast, Verena: Das Böse im Märchen, Verlag A.Bonz GmbH, Fellbach 1985.

Ds., Die Dynamik der Symbole, Walter-Verlag, Olten 1990.

von Löwensprung, Margarete: Fast vergessene Schätze – überlieferte Kinderlieder und Kinderspiele, Eigenverlag.

Lurker, Manfred: Die Botschaft der Symbole, Kösel, München 1990.

Neumann, Erich: Das Kind – Struktur und Dynamik der werdenden Persönlichkeit, Verlag Adolf Bonz GmbH, Fellbach 1985.

Scherf, Walter: Die Herausforderung des Dämons, K.G. Saur, München 1987.

Steiner, Lucie / Engel, Ingrid: Tänzerische Kurzspiele, Bosse, Regensburg 1988.

Vonessen, Franz: Signaturen des Kosmos, Die Graue Edition, Südmarkverlag, Witzenhausen 1992.

Zitzlsperger, Helga: Kinder spielen Märchen, Beltz-Verlag, Weinheim 1984.